*Southeast
Asian Cuisine*

쉽고 맛있는
동남아 요리

김명희 외 지음

BnCworld

prologue

"공심채, 인디언시금치, 아스파라거스, 모로헤이야, 고수를 준비합니다. 이것들을 흐르는 물에 깨끗이 씻어낸 뒤, 손으로 잘게 잘라 올리브유와 버무립니다. 그런 다음 레몬즙과 소금을 뿌리면 금세 완성입니다."

동남아 음식을 조금씩 배우기 시작해 현지를 오가며 다양한 경험을 쌓은 지 어느덧 10여 년이 되었습니다. 동남아 음식의 매력을 꼽으라면 혈관 건강을 지켜줄 아열대 채소의 소중함이 아닐는지. 강력한 항산화성과 항당뇨성, 각종 영양 성분이 담긴 풍성한 한 접시를 먹고 나면 정신이 맑아지고 마음이 차분해집니다. 자연에서 난 아열대 채소와 과일이야말로 우리의 행복을 위해 존재하는 게 아닐까 싶습니다.

기후 변화로 우리나라에서는 이미 아열대 채소와 과일이 다양하게 생산되고 있습니다. 그러나 아직은 생소한 탓인지 소비층이 매우 적습니다. 보다 많은 이가 이 책을 통해 아열대 채소와 과일에 대한 정보를 얻고 직접 맛보기를, 그리고 조금 더 욕심을 부려 농가 소득 증대에도 조금이나마 도움이 되기를 바라는 마음입니다. 이런 마음을 고스란히 담아 베트남, 태국, 말레이시아, 인도네시아, 싱가포르 등 아열대 기후에 있는 동남아 국가의 음식을 소개합니다. 현지 조리법을 참작하되 국내에서 재배하는 식재료를 기반으로 설명하여 독자들이 일상에서 쉽게 동남아 음식을 요리할 수 있도록 했습니다.

동남아 음식의 특징은 기후 특성상 향신료를 많이 사용한다는 점입니다. 향신료는 맛의 다양한 변화를 끌어내는 만큼 그 가능성이 무궁무진합니다. 필자는 동남아와 한국의 식재료와 조리법을 연구하며 남녀노소 누구나 좋아할 보편적인 맛을 찾아냄으로써 모두의 입맛에 맞으면서도 한국적인 특성에 어우러지는 음식을 만들고자 했습니다. 21세기 세계화 시대에 보편화된 음식 문화의 흐름 속에서 가장 특징적인 것을 찾아내어 어떻게 조화시켜야 하는가, 이것이 30여 년간 대학 강단에서 한국 음식을 연구한 저와 또 저의 팀이 고민하는 음식의 역할론입니다.

경기대 조리실에서 재료 준비부터 온전한 음식으로 완성하기까지 서로 배려하며 역할을 다해준 아열대 채소 연구원들에게 감사드리며, 앞으로 동남아와 한국의 음식을 접목한 다양한 음식을 개발하는 일에도 같이 힘써주기를 바랍니다. 또한 좋은 책을 낼 수 있도록 도움을 주신 온난화대응농업연구소 관련자 여러분과 비앤씨월드 출판부에도 진심으로 감사를 표합니다.

대표 저자 김 명 희

쉽고 맛있는 동남아 요리

contents

intro 01   식재료 / 기본 조리법
INGREDIENTS & BASIC RECIPES

010   동남아 요리에 많이 쓰이는 기본 식재료
022   미리 알고 만들면 더 편한 기본 조리법

recipes 02   쌀국수
NOODLE SOUP

032   소고기 쌀국수 *Beef noodle soup*
034   태국식 갈비국수 *Braised short ribs beef noodle soup*
036   닭고기 쌀국수 *Chicken noodle soup*
038   매운 쌀국수 *Spicy noodle soup*
040   돼지고기 쌀국수 *Pork noodle soup*
042   코코넛커리 에그누들 *Coconut curry with egg noodles*
044   채소를 곁들인 숯불구이 쌀국수 *Grilled pork noodles with vegetables*
046   당면국수 볶음 *Fried glass noodles*
048   비빔쌀국수 *Mixed rice noodles*
050   태국식 볶음쌀국수 *Thai fried rice noodles*
052   숙주와 에그누들 볶음 *Stir-fried egg noodles and bean sprouts*
054   레몬그라스 소고기 스튜를 곁들인 쌀국수 *Lemongrass beef stew with rice noodles*

recipes 03 — 라이스페이퍼 / 반세오 / 반미
RICE PAPER & BANH XEO & BANH MI

- 058 게살 라이스페이퍼 롤 *Fresh rice paper rolls with crab meat*
- 060 새우 라이스페이퍼 롤 *Shrimp rice paper rolls*
- 062 쌀가루 반죽에 돼지고기와 채소를 넣은 쌈 *Dough with pork and vegetables*
- 064 채소 라이스페이퍼 롤 튀김 *Deep fried vegetable rice paper rolls*
- 066 돼지고기 라이스페이퍼 롤 튀김 *Deep fried pork rice paper rolls*
- 068 새우 라이스페이퍼 롤 튀김 *Deep fried net-shaped rice paper rolls with shrimp*
- 070 라이스페이퍼 치즈구이 *Grilled rice paper with cheese*
- 072 반으로 접는 베트남식 팬케이크 *Vietnam style half-folded pancakes*
- 074 베트남식 미니 팬케이크 *Vietnam style mini pancakes*
- 076 베트남 중부지방식 팬케이크 *Central Vietnam style pancakes*
- 078 구운 닭고기 바게트 샌드위치 *Grilled chicken baguette sandwich*
- 080 삼겹살 바비큐 바게트 샌드위치 *BBQ pork baguette sandwich*
- 082 꼬치구이 바게트 샌드위치 *Grilled skewers baguette sandwich*
- 084 돼지고기 껍질 바게트 샌드위치 *Poached pork skin baguette sandwich*
- 086 돼지고기 완자 바게트 샌드위치 *Meat ball baguette sandwich*

recipes 04 — 쌀요리
RICE

- 090 필리핀식 마늘 볶음밥 *Filipino garlic fried rice*
- 092 태국식 게살 볶음밥 *Thai crab meat fried rice*
- 094 태국식 파인애플 볶음밥 *Thai pineapple fried rice*
- 096 인도네시아식 볶음밥 *Indonesian fried rice*
- 098 베트남식 해물 볶음밥 *Vietnamese seafood fried rice*
- 100 필리핀식 파에야 *Filipino paella*
- 102 태국식 그린커리 *Thai green curry*
- 104 태국식 돼지고기 덮밥 *Thai pork rice bowl*
- 106 태국식 족발 덮밥 *Thai pork feet bowl*
- 108 필리핀식 닭고기죽 *Filipino chicken porridge*
- 110 베트남식 생선죽 *Vietnamese fish porridge*
- 112 베트남식 떡 *Vietnamese rice cake*
- 114 베트남식 찐만두 *Vietnamese steamed dumplings*

recipes 05 채소요리
VEGETABLE

- 118 여주 새우 샐러드 *Bitter melon and shrimp salad*
- 120 오이 파인애플 샐러드 *Cucumber and pineapple salad*
- 122 그린빈 토마토 샐러드 *Green bean and tomato salad*
- 124 파파야 샐러드 *Papaya salad*
- 126 해산물 샐러드 *Seafood salad*
- 128 닭고기 양배추 샐러드 *Chicken and cabbage salad*
- 130 모닝글로리 소고기 샐러드 *Morning glory and beef salad*
- 132 바나나블라썸 샐러드 *Banana blossom salad*
- 134 새우 가지 구이 *Grilled shrimp with eggplant*
- 136 모닝글로리 볶음 *Morning glory stir-fried with garlic*
- 138 태국식 채소 볶음 *Thai mixed vegetable stir-fried*

recipes 06 해산물요리
SEA FOOD

- 142 코코넛밀크와 해산물을 넣은 생선 찜 *Steamed fish & seafood cake with coconut milk*
- 144 태국 동부지방식 참치 무침 *Eastern Thai style tuna salad*
- 146 새우와 파인애플을 넣은 커리 *Braised prawn and pineapple curry soup*
- 148 새우를 넣은 똠얌 수프 *Hot and sour soup of prawn*
- 150 매콤한 어묵 튀김 *Deep fried spicy fish ball*
- 152 매콤달콤한 칠리소스를 곁들인 게살 튀김 *Deep fried crab cake with sam rot spicy sauce*
- 154 통 농어 튀김 *Whole deep fried sea bass*
- 156 태국식 오징어 볶음 *Thai stir-fried squid*
- 158 태국식 고추장으로 맛을 낸 새우 볶음 *Stir-fried prawn with Thai chilli paste*
- 160 꽃게 커리 볶음 *Stir-fried blue crab curry*

recipes 07 육류요리
MEAT

- 164 소고기 꼬치구이 *Grilled beef skewers*
- 166 닭고기 꼬치구이 *Grilled chicken skewers*
- 168 레몬그라스 치킨구이 *Roasted lemongrass chicken*
- 170 매운 닭날개구이 *Roasted spicy chicken wings*
- 172 돼지고기 바질 볶음 *Stir-fried pork with basil*
- 174 돼지고기 목살구이 *Roasted pork neck*
- 176 소고기 브로콜리 볶음 *Stir-fried beef with broccoli*
- 178 삼겹살 튀김 *Deep fried pork belly*
- 180 코코넛 치킨 스튜 *Coconut chicken soup*
- 182 소고기 수프 *Beef soup*
- 184 타이 핫 팟 *Thai hot pot*

recipes 08 디저트
DESSERT

- 188 코코넛 아이스크림 *Coconut ice cream*
- 190 아보카도 커피 *Avocado coffee*
- 192 연유 커피 *Hot coffee with condensed milk*
- 194 코코넛 커피 *Coconut coffee*
- 196 코코넛 푸딩 *Coconut pudding*
- 198 망고 밥 *Mango sticky rice*
- 200 흑당 밀크티 *Black sugar bubble tea*
- 202 팥 연유 음료 *Red bean and condensed milk drink*
- 204 패션프루트 주스 *Passion fruit juice*
- 206 태국식 바나나 팬케이크 *Thai banana pancakes*
- 208 구운 바나나와 코코넛크림 *Pan fried banana and coconut cream*
- 210 바나나 튀김 *Fried banana*

쉽고 맛있는 동남아 요리

―――――
동남아 요리에 많이 쓰이는 기본 식재료
미리 알고 만들면 더 편한 기본 조리법

intro
01

INGREDIENTS
BASIC RECIPES

식재료 / 기본 조리법

Ingredients

동남아 요리에 많이 쓰이는 기본 식재료

● 소스

스리라차소스

- **주재료** 고추, 마늘, 설탕, 소금, 식초
- **용도** 매운맛을 내는 소스로 쌀국수 육수에 넣거나 다양한 음식에 곁들인다.

taste	매운맛 ★★★☆☆	짠 맛 ★★★☆☆
	단 맛 ★☆☆☆☆	신 맛 ★★★☆☆

스위트칠리소스

- **주재료** 레드칠리절임, 설탕, 소금, 증류식초, 마늘
- **용도** 매운맛과 동시에 단맛을 내는 소스로 튀김 등과 함께 즐길 수 있다.

taste	매운맛 ★★☆☆☆	짠 맛 ★★★☆☆
	단 맛 ★★★☆☆	신 맛 ★☆☆☆☆

굴소스

- **주재료** 설탕, 소금, 굴 추출물, 밀가루
- **용도** 특유의 향미가 있어 볶음이나 조림, 튀김 등 각종 요리에 두루 쓰인다.

taste	매운맛 ☆☆☆☆☆	짠 맛 ★★★☆☆
	단 맛 ★★★☆☆	신 맛 ☆☆☆☆☆

블랙소이소스

- **주재료** 당밀, 정제소금, 간장
- **용도** 달고 짠 소스로 농도가 짙고 어두운 색감을 가지고 있어 볶음 요리나 튀김의 디핑 소스로 사용된다.

taste	매운맛 ☆☆☆☆☆	짠 맛 ★★★☆☆
	단 맛 ★★★☆☆	신 맛 ☆☆☆☆☆

블랙스위트소이소스

- **주재료** 황설탕, 설탕, 간장
- **용도** 단맛이 강한 간장으로 고기의 조림 요리나 볶음 요리에 많이 사용된다.

taste	매운맛 ☆☆☆☆☆	짠 맛 ★★☆☆☆
	단 맛 ★★★☆☆	신 맛 ☆☆☆☆☆

케켑삼벨

- **주재료** 간장, 고추, 샬롯, 대두유
- **용도** 감칠맛이 나는 인도네시아풍 간장소스이다. 나시고랭이나 월남쌈 등에 매운맛을 더할 때 활용한다.

taste	매운맛 ★★★☆☆	짠 맛 ★☆☆☆☆
	단 맛 ★★★☆☆	신 맛 ☆☆☆☆☆

케켑마니스

- **주재료** 팜슈거, 대두 추출물, 후추, 생강
- **용도** 진한 색을 띠고 설탕의 단맛이 두드러진다. 생선조림이나 볶음 요리에 사용하면 좋다.

taste	매운맛 ☆☆☆☆☆	짠 맛 ★☆☆☆☆
	단 맛 ★★★★☆	신 맛 ☆☆☆☆☆

피시소스

- **주재료** 생선 추출액, 정제 소금
- **용도** 동남아식 맑은 멸치젓으로 다양한 요리에 풍미를 더해 주는 소스이다.

taste	매운맛 ☆☆☆☆☆	짠 맛 ★★★★☆
	단 맛 ★☆☆☆☆	신 맛 ☆☆☆☆☆

느억맘소스

- **주재료** 피시소스, 고추, 마늘, 설탕, 식초
- **용도** 샐러드에 뿌리거나 라이스페이퍼에 찍어 먹는 용도로 사용된다.

taste	매운맛 ★☆☆☆☆	짠 맛 ★★★☆☆
	단 맛 ★★☆☆☆	신 맛 ★☆☆☆☆

레드커리페이스트

- **주재료** 말린 고추, 마늘, 레몬그라스, 향신료(심황, 계피, 산초, 정향, 후추)
- **용도** 붉은 새눈고추가 함유된 커리페이스트로 매운맛이 특징이다.

taste	매운맛 ★★★☆☆	짠 맛 ★★★☆☆
	단 맛 ★☆☆☆☆	신 맛 ☆☆☆☆☆

그린커리페이스트

- **주재료** 고추, 마늘, 홀리 바질, 설탕
- **용도** 풋새눈고추를 넣은 커리페이스트로 초록색을 띠고 맵고 단맛이 특징이다.

taste	매운맛 ★★★★☆	짠 맛 ★★★☆☆
	단 맛 ★☆☆☆☆	신 맛 ☆☆☆☆☆

쌀국수

분(Bun) : 얇은 면의 쌀국수

- 주재료　쌀
- 용도　우리나라 소면과 비슷한 얇은 면으로 분짜에 나오는 쌀국수로 잘 알려져 있다. 분은 주로 해산물 쌀국수에 많이 사용되며 얇은 쌀국수 면을 찾을 때는 분(Bun)이 적힌 상품을 선택하면 된다.

포(Pho) : 중간 면의 쌀국수

- 주재료　쌀
- 용도　중간 정도 굵기의 쌀국수 면으로 소나 닭의 뼈를 우려낸 맑은 국물 쌀국수에 주로 사용한다. 쌀국수에 사용되는 육수와 첨가하는 고기에 따라 다양한 메뉴로 구분된다.

반포(Banh pho) : 굵은 면의 납작한 쌀국수

- 주재료　쌀
- 용도　면의 굵기가 우리나라의 칼국수 면과 비슷한 두꺼운 쌀국수이다. 면이 굵어 주로 볶음 쌀국수에 많이 이용한다.

미(Mi) : 에그누들

- 주재료　밀가루 + 달걀 분말
- 용도　에그누들이라고도 부르며 얇은 라면 같은 모양의 국수로 볶음 면에 많이 사용된다. 중부 다낭 근처 쾅하이라는 지역의 명물로 약간 비릿한 국물에 작은 새우, 고기, 뻥튀기처럼 얇은 과자를 올려먹기도 한다.

미엔(*Mien*) : 당면

- 주재료 쌀
- 용도   한국의 당면과 같은 모양으로 다양한 두께의 면이 있다. 미엔은 주로 고사리로 육수 국물을 내어 고기와 함께 먹거나 분처럼 다양한 재료와 함께 먹는다.

• 라이스페이퍼

반짱(*Banh trang*)

- 주재료 쌀 + 전분
- 용도   원형 또는 사각 형태의 라이스페이퍼로 갖가지 재료를 넣어 쌈을 싸 먹는 고이 꾸온(Goicuon)이나 베트남식 튀김 만두인 짜조(Cha gio) 등을 만들 때 사용한다.

반호이(*Banh hoi*)

- 주재료 쌀가루 + 전분
- 용도   그물망처럼 생긴 라이스페이퍼로 베트남 음식인 짜조레(Cha gio re)를 만들 때 사용한다. 짜조레는 짜조와 조리법은 동일하지만 피로 반호이를 사용하는 것이 특징이다.

• 향신료

팔각

- 맛　　매콤한 단맛
- 정보　열매가 여물기 전에 따서 약 20분 정도 익힌 후 말려서 사용한다.
- 용도　차, 디저트, 생선 요리, 육류 요리 등에 사용한다.

고수씨앗

- 맛　　달고 매운맛
- 정보　동양에서는 잎을, 서양에서는 씨앗을 주로 선호하며 잎, 줄기, 열매 모두 향신료로 이용할 수 있다.
- 용도　쌀국수, 샐러드드레싱, 샐러드, 찜 요리, 가금류 요리, 생선 요리 등에 사용한다.

후추

- 맛　　매운맛
- 정보　열매의 익은 정도와 가공 방법에 따라 색이 다양하며 그 쓰임새 또한 다르다.
- 용도　소스, 수프, 가공 식품, 생선 요리, 육류 요리 등 다양한 곳에 사용한다.

카다몬

- 맛　　생강 맛
- 정보　샤프란, 바닐라 다음으로 우수한 향신료로 꼽히며 수확량에 비해 수요가 많아 가격이 매우 높다.
- 용도　제빵, 제과, 커피, 피클, 아이스크림 등 다양한 곳에 사용한다.

정향

- **맛**　달콤한 맛
- **정보**　강력한 방부 효과와 살균력을 가지고 있다.
- **용도**　육수, 소스, 케이크, 빵, 피클, 육류 요리 등에 다양하게 사용한다.

시나몬

- **맛**　달짝지근한 맛
- **정보**　줄기(껍질)를 사용하며 가루보다는 스틱 형태로 구입하는 것이 좋다.
- **용도**　디저트, 초콜릿, 펀치, 따뜻한 와인 등에 사용한다.

• 채소류

롱빈

- **맛**　그린빈과 비슷한 맛이나 단맛이 적고 고소함. 톡쏘는 향
- **정보**　다 크지 않은 콩이 들어 있는 꼬투리를 먹기 위해 재배한다. 줄콩, 스트링빈이라고도 하며 아열대와 열대지방, 중국 남부 등에서 자란다. 아삭한 식감을 가지고 있으며 꼬투리가 어리고 가늘 때 이용하는 것이 가장 좋다.
- **용도**　부드러운 꼬투리들은 생으로 먹을 수도 있고 요리해서 먹을 수도 있다. 볶음 요리, 스튜, 샐러드 등에 이용한다.

공심채

- **맛**　아삭한 식감과 강하지 않은 향
- **정보**　줄기 속이 대나무처럼 비어 있는 잎채소로 중국 남부와 동남아시아에서 쉽게 접할 수 있다. 호불호가 거의 없이 즐길 수 있는 식재료이다.
- **용도**　즙을 내서 먹거나 샐러드, 볶음으로 먹는다. 찌개나 찜, 국물 요리에 이용하기도 한다.

여주

- **맛**   특유의 강한 쓴맛
- **정보**   여주는 1년생 덩굴성 박과 식물로, 오돌토돌한 돌기가 있는 길쭉한 형태의 채소이다. 우리나라에서는 음식 재료로 많이 쓰이지 않으나 태국 등 동남아시아에서는 다양하게 요리에 활용되고 있다.
- **용도**   동남아 면 요리, 볶음 요리, 장아찌 등에 사용한다.

오크라

- **맛**   순한 피망 같은 맛
- **정보**   다량의 점액질로 미끈거리는 질감을 가지고 있다.
- **용도**   꼭지가 싱싱하며 선명한 녹색을 띠는 것을 고른다. 샐러드, 튀김, 볶음 등의 요리에 다양하게 사용한다.

허브

고수

- **맛**   특유의 비누 향으로 호불호가 갈림.
- **정보**   지중해 지역에서 유래한 고수는 태국, 인도, 베트남, 중국, 멕시코, 포르투갈에서 주로 사용하며 실란트로, 코리앤더, 향채라고도 불린다.
- **용도**   쌀국수 등 베트남 음식에 주로 쓰이지만 요즘은 미국이나 유럽 음식에도 많이 사용한다.

레몬그라스

- **맛**   레몬의 신맛이 나는 허브
- **정보**   주로 동남아시아와 중남미, 열대지방에서 재배되며 향료를 채취하기 위해 일본의 가고시마에서도 재배된다.
- **용도**   똠얌꿍에 꼭 들어가는 향신료로 수프나 생선 요리를 만들 때 사용한다.

생강

- 맛　　알싸하고 매콤하며 톡 쏘는 나무 향
- 정보　뿌리를 쓰는 향신료로 세계에 가장 잘 알려진 향신료 중 하나이다. 2천 년 전 중국에서 처음 약초로 소개됐다.
- 용도　육류나 생선의 비린내를 없애는 데 효과적이다. 음료와 차로도 애용된다.

샬롯

- 맛　　양파보다 강하고 부드러운 단맛
- 정보　양파보다 수분이 적은 미니양파로 유럽과 인도 등에서 재배된다.
- 용도　양파가 들어가는 모든 요리에 사용할 수 있지만 단맛이 강하므로 주의한다.

말린 태국고추

- 맛　　청양고추보다 8~10배 매운맛
- 정보　새눈고추, 프릭끼누, 쥐똥고추라고 불리며 태국, 인도네시아, 베트남 등의 동남아시아에서 많이 먹는다.
- 용도　매운맛을 내는 데 주로 쓰이며 삼발이나 느억참 등의 소스에도 사용한다.

생고추

스피어민트

- 맛　　달콤하고 상쾌한 강한 향
- 정보　유럽에서 나는 서양박하로 동양박하나 페퍼민트와는 전혀 다르다.
- 용도　민트 시럽의 원료로 사용되며, 고기 요리의 필수 향신료이다.

바질

- **맛** 향긋하고 상큼하며 약간 매운맛
- **정보** 힌두교에서는 바질을 신에게 바치는 신성한 향초로 숭상했고, 왕궁에 어울릴 만큼 향이 훌륭해 왕실의 약물, 고약 등으로 쓰였다.
- **용도** 말리면 달콤한 민트 향이 나지만 건조시켜 사용하는 것보다 신선한 잎을 바로 따서 사용하는 것이 좋다. 잎을 식초에 담가 샐러드드레싱으로 사용해도 좋은 맛과 향을 낼 수 있다.

타이바질

- **맛** 민트와 아니스, 감초의 향
- **정보** '아시안바질'이라고 불리는 타이바질은 태국, 라오스, 베트남, 캄보디아 등 동남아시아에서 많이 쓰이는 식재료이다.
- **용도** 주로 잎 부분만 커리와 국수, 볶음 요리에 사용한다.

- ## 과일

패션프루트

- **맛** 톡 쏘는 향미와 즙이 많은 과육, 특별한 맛이 없는 씨
- **정보** 브라질 원산의 열대 과일로 열매는 둥글거나 타원형이다. 자주색으로 익는 것과 노란색으로 익는 것이 있다. 열매 속에는 젤라틴 형태의 과육과 먹을 수 있는 검은 씨가 가득 차 있다.
- **용도** 풍미가 좋아 디저트나 음료수를 만들 때 사용한다.

망고

- **맛** 달콤하고 부드러운 맛
- **정보** 열대와 아열대 지역 대부분에서 널리 재배된다. 크기와 특징이 다양하나 씨는 1개로 크고 납작하다. 대체로 과즙이 많으며 독특하고 향기로운 향을 가지고 있다.
- **용도** 생으로 먹거나 샐러드드레싱, 소스, 수프 등에 이용한다. 케이크, 디저트 등에도 자주 사용된다.

파파야

- **맛**   독특한 향을 지닌 달콤한 맛
- **정보**   파파야 과육은 노란색에서 오렌지색을 띠고 열대 아메리카 지역이 원산이다. 녹색을 띨 때는 채소처럼 이용하고 익으면 과일로 먹는다.
- **용도**   덜 익은 그린 파파야는 샐러드, 절임, 볶음, 튀김 등 다양한 요리에 활용하고 열매는 날로 먹거나 잼, 과자 등을 만든다. 종자는 독특한 맛이 있으므로 향신료로 쓴다.

코코넛

- **맛**   고소한 단맛
- **정보**   야자나무의 열매로 익으면 과육이 단단해지고 껍질도 갈색이 된다. 열대와 아열대 지방에 널리 재배한다.
- **용도**   과즙은 음료로 이용하고 열매 안쪽의 과육은 곱게 갈아 체에 내리거나 말린 다음 갈아 다양한 요리에 사용한다. 코코넛밀크나 크림 형태로 수프나 디저트에 활용하기도 하고 말린 코코넛 과육에서 기름을 추출해 각종 요리에 쓰기도 한다.

아보카도

- **맛**   은은한 헤이즐넛 향의 고소한 맛
- **정보**   울퉁불퉁한 진녹색 껍질에 딱딱한 과육을 가지고 있으나 후숙이 진행되면서 껍질 색이 검게 변하고 과육도 부드러운 버터 질감이 된다. 후숙이 충분히 진행되어 껍질이 검게 변하고 약간 말랑할 때 이용한다.
- **용도**   소스, 샐러드 등의 요리나 디저트에 사용한다. 빵에 발라먹거나 기름을 채취하기도 한다.

라임

- **맛**   상큼한 시트러스 향과 톡 쏘는 신맛
- **정보**   레몬보다 크기가 작고 모양이 둥글며 껍질은 선명한 초록색을 띤다. 과육은 황록색이며 즙이 많고 레몬보다 더 새콤하고 달다. 구연산 함량이 많은 신라임과 덜 신맛의 단라임이 있다. 과즙은 독특한 방향이 있어 레몬과 같은 방법으로 요리에 이용한다.
- **용도**   열매와 잎은 요리에 사용하고 정유는 향수로 사용된다. 똠얌꿍과 같은 수프, 소스 등 태국요리, 베트남 요리에 많이 사용한다.

쌀

인디카 쌀

- **식감** 끈기가 없고 자포니카 쌀보다 푸석거린다.
- **정보** 인디카(장립형)는 알갱이가 길고 가늘고 푸석거리는 쌀로 흔히 '안남미' 또는 '자스민 쌀'이라고 불린다. 중국 남부와 동남아 베트남이 원산지이다.
- **용도** 밥그릇용 식사에는 적합하지 않고 오므라이스, 카레라이스 등 접시용 요리에 적합하며 동남아지역에서 주로 먹는다.

인디카 찹쌀

- **식감** 점성이 매우 강하고 자포니카 품종보다 찰지고 부드럽다.
- **정보** 인디카 찹쌀은 찰기가 강하다. 아시아 지방에서 주로 재배되며 태국에서는 인디카 찹쌀을 '카우나우'로 부른다. 라오스에서 재배되는 쌀의 75%는 인디카 찹쌀이며 주로 찰밥이나 떡을 해먹는 데 쓰인다.
- **용도** 점성이 많고 진득거리기 때문에 스팀으로 쪄서 사용하는 것이 좋고 동남아 지역에서는 디저트용으로 많이 사용한다.

자포니카 쌀

- **식감** 점성이 강하고 찰지고 부드럽다.
- **정보** 모양새가 둥글고 굵은 단중립형 쌀로 한반도, 일본, 중국 북부에서 주로 소비되며, 전 세계에서 생산되는 쌀 중 10% 가량을 차지한다.
- **용도** 주식으로 이용하며 동북아지역에서 많이 먹는다.

Basic recipes

미리 알고 만들면 더 편한 기본 조리법

● 쌀국수

쌀가루와 물로 만들지만 식감을 높이기 위해 타피오카나 옥수수 전분을 섞기도 한다. 쌀국수는 생면, 건면, 냉동면으로 나눌 수 있는데, 생면은 보존 기간이 짧기 때문에 대부분 건면의 형태가 가장 일반적으로 이용된다. 건면은 굵기에 따라서 제일 얇은 면인 미(Mi, Rice vermicelli), 소면 두께의 분(Bun), 국물이 있는 쌀국수에 주로 이용하는 포(Pho), 두꺼워서 볶음을 할 때 많이 이용하는 반(Banh)으로 구분된다.

종류	버미셀리(Vermicelli)	분(Bun)	포(Pho)	반(Banh)
두께	아주 얇은 면	얇은 둥근 면 (소면 두께)	중간 면	두꺼운 면 (납작한 면)
사용 범위	국수, 샐러드, 비빔국수	비빔국수, 분짜	온국수, 비빔국수	온국수, 볶음국수
사용법	상온의 물에 10분 정도 불렸다가 사용	상온의 물에 30분 정도 불렸다가 사용	상온의 물에 30분 정도 불렸다가 사용	상온 물에 1시간 정도 불렸다가 사용

< 쌀국수 삶기 >

쌀국수는 상온의 물에 30분 정도 불린다가 사용하고, 얇은 버미셀리 쌀국수는 상온의 물에 10분 정도 불렸다 쓴다. 불린 쌀국수는 끓는 물이나 육수에 1분 정도 살짝 담갔다 빼준다. 쌀국수는 뜨거운 물에 담가놓으면 부드러운 식감을 얻을 수 있고, 찬물에 담가 놓으면 쫄깃한 식감으로 먹을 수 있다. 찬물에는 보통 1시간 정도 담가둔다. 얇은 쌀국수는 샐러드용으로도 많이 이용하는데, 차게 샐러드용으로 먹을 때는 끓는 물에 살짝 데친 후 찬물에 헹구어서 사용한다.

만드는 법

① 건조된 쌀국수를 상온의 물에 약 30분 이상 불린다.
② 쌀국수 육수나 끓는 물에 ①의 불린 쌀국수를 넣고 1~2분 정도 삶은 후 체에 건져 그릇에 담는다.
③ 차게 먹는 샐러드용 국수의 경우 찬물에 살짝 씻어 뜨거운 김을 뺀다.

<u>1</u>

<u>2</u>

● 라이스페이퍼

라이스페이퍼는 쌀을 물에 불려 곱게 간 후 바닥에 가라앉은 전분만을 얇게 펴서 익힌 것으로 생으로 사용하기도 하지만 장기 보관과 사용의 용이성을 위해 말려서 주로 사용한다. 라이스페이퍼에 각종 재료를 넣어 말아 먹는 요리를 흔히 스프링 롤이라고 하는데 대부분의 나라에서는 쌀로 만든 라이스페이퍼뿐만 아니라 밀가루로 만든 에그롤에 싸서 먹는 요리 또한 스프링 롤이라고 부른다. 쌀로 만든 라이스페이퍼의 경우 생으로 먹거나 튀겨서 먹는 게 모두 가능하지만 에그 롤을 사용하는 경우에는 튀김만이 가능하다. 라이스페이퍼로 롤을 만들어 생으로 먹는 경우에는 라이스페이퍼를 물에 살짝 불려 채소나 고기를 싸서 먹는데 이를 남부 지역에서는 넴꾸온(Nem cuon)이라 하고 북부지역에서는 고이꾸온(Goi cuon)이라고 한다. 그리고 라이스페이퍼에 고기와 채소를 다져 넣고 기름에 튀겨 먹는 음식을 호치민 인근 남부 지역에서는 짜조(Cha gio)라 하고, 하노이 인근 북부 지역에서는 넴란(Nem ran) 또는 넴(Nem)이라고 한다. 라이스페이퍼 자체는 반짱(Banh trang)이라고 하고 그물처럼 생긴 라이스페이퍼는 반호이(Banh hoi)라고 한다. 또 반호이를 사용하여 튀긴 스프링롤은 짜조레(Cha gio re)라고 한다. 고이 꾸온은 보통 곁들임 없이 소스에 찍어서 먹지만 짜조와 짜조레는 상추나 허브 등의 채소에 싸서 소스에 찍어 먹는다.

< 반짝 만들기 >

재료 및 분량

쌀가루 Rice flour 1컵
타피오카 전분 Tapioca starch 1컵
물 Water 2컵

만드는 법

① 쌀가루, 타피오카 전분, 물을 계량한 뒤 섞어 묽은 반죽을 만들고 2시간 정도 숙성한다.
② 약한 불에 프라이팬을 올리고 기름을 살짝 칠한 후 ①의 반죽을 넣어 둥글고 얇게 편다.
③ 뚜껑을 덮고 1~2분 정도 두어 윗면이 익으면 젓가락을 사용해 라이스페이퍼를 꺼낸다.

< 반호이 만들기 >

재료 및 분량

쌀가루 Rice flour 120g
타피오카 전분 Tapioca starch 30g
설탕 Sugar 25g
물 Water ½컵
달걀흰자 Egg white ½개

만드는 법

① 쌀가루, 타피오카 전분, 설탕, 물, 달걀흰자를 넣고 섞어 2시간 정도 숙성한다.
② 약한 불에 프라이팬을 올리고 기름을 살짝 칠한 후 대나무 솔에 ①의 반죽을 묻혀 흔들어 주며 그물 모양으로 만들어 2분 정도 익힌다.
③ 다 익으면 젓가락을 사용해 부서지지 않도록 주의하면서 조심해서 꺼낸다.

● 반세오

반세오(Banh xeo)는 쌀가루에 강황가루를 넣어 반죽을 만들고 돼지고기, 새우, 각종 채소 등을 넣어 팬에 바삭하게 구워낸 요리이다. 베트남의 중부 지방에서는 반세오를 반코아이(Banh khoai)라 하고 반세오보다 보통은 작게 만들기 때문에 반으로 접지 않는 것이 특징이다. 남부지방에서는 주로 동그란 모양의 작은 틀을 사용해 만드는데 이것을 반콧(Banh khot)이라고 한다.

< 반세오 반죽 만들기 >

밀가루 대신 쌀가루와 코코넛밀크로 반죽하고 강황을 넣어 노란색을 낸다. 또한 익혔을 때 겉을 바삭하게 만들기 위해 전분과 탄산수가 들어가는 것이 특징이다.

재료 및 분량
- 쌀가루 Rice flour 200g
- 감자 전분 Potato starch 2큰술
- 설탕 Sugar 1작은술
- 소금 Salt ⅓작은술
- 강황가루 Turmeric powder 1큰술
- 코코넛밀크 Coconut milk 100㎖
- 탄산수 Sparkling water 300㎖

만드는 법
① 볼에 쌀가루, 전분, 설탕, 소금, 강황가루와 코코넛밀크를 넣고 섞는다.
② 탄산이 날아가지 않도록 사용하기 직전에 탄산수를 섞는다.

● 육수

< 돼지고기 육수 만들기 >

재료 및 분량
- 돼지고기 사태 Pork shank 400g
- 돼지뼈 Pork bone 1kg
- 물 Water 3ℓ
- 무 White radish ⅕개
- 당근 Carrot ¼개
- 고수뿌리 Coriander root 5뿌리
- 다진 마늘 Minced garlic 2큰술
- 계피 Cinnamon 10g
- 팔각 Star anise 5개
- 소금 Salt 약간
- 설탕 Sugar 1큰술
- 피시소스 Fish sauce 1큰술

만드는 법
① 돼지고기 사태와, 뼈는 찬물에 담가 핏물을 제거한다.
② 끓는 물 3ℓ에 돼지고기 사태, 돼지뼈, 무, 당근, 고수 뿌리, 다진 마늘, 계피, 팔각을 넣어 약불에서 약 2시간 정도 끓인다.
③ 고기는 건져 고명으로 사용하고, 육수는 소창(면포)에 거른 뒤 소금, 설탕, 피시소스를 넣어 간을 맞춘다.

< 소고기 육수 만들기 >

재료 및 분량

소고기 양지머리 Beef brisket 400g
소뼈 Beef bone 1kg
물 Water 3ℓ
통후추 Black pepper 1큰술
정향 Cloves 7개
월계수 잎 Bay leaves 5장
마늘 Garlic 7톨
셀러리 Celery 1대(50g)
생강 Chopped ginger 10g
다진 레몬그라스 1작은술
Chopped lemongrass
양파 Onion 1개
소금 Salt 2작은술
설탕 Sugar 1큰술
피시소스 Fish sauce 2큰술

만드는 법

① 양지머리 고기와 소뼈는 찬물에 담가 핏물을 제거한 후 끓는 물에 한 번 데친다.
② 끓는 물 3ℓ에 데친 양지머리와 소뼈, 통후추, 정향, 월계수 잎, 마늘, 셀러리, 생강, 레몬그라스, 양파를 넣고 약불에서 약 1시간 정도 끓인다.
③ 고기는 건져 얇게 저며 고명으로 사용한다.
④ 1시간 정도 더 끓인 후 육수는 소창(면포)에 거르고 소금, 설탕, 피시소스로 간을 맞춘다.

< 닭고기 육수 만들기 >

재료 및 분량

닭 Chicken 1마리(1kg)
물 Water 3ℓ
양파 Onion ½개
당근 Carrot ¼개
파 Leek 1대
마늘 Garlic 6톨
생강 Ginger 2톨
정향 Cloves 5개
셀러리 Celery 1대
월계수 잎 Bay leaves 3장
소금 Salt ⅔큰술
피시소스 Fish sauce 2큰술

만드는 법

① 닭은 손질해 흐르는 물에 깨끗이 씻는다.
② 3ℓ 물에 ①의 닭과 양파, 당근, 파, 마늘, 생강, 정향, 셀러리, 월계수 잎을 넣고 약 50분 정도 삶는다.
③ 육수는 소창(면포)에 걸러 기름기를 제거하고 닭은 살만 발라 가늘게 찢어 고명으로 사용한다.
④ 육수에 소금, 피시소스를 넣어 간을 맞춘다.

tip 간단하게 쌀국수 국물 내기	쌀국수 가루 수프	쌀국수 티백	향신료 믹스

	시판하는 가루 형태의 쌀국수 육수 파우더를 이용해 국물을 낸다. 기호에 따라 숙주, 양파, 민트, 파, 고기 등을 넣는다. 깊은 맛을 느낄 수는 없지만 간편한 장점이 있다.	쌀국수용 육수 티백을 이용해 국물을 낸다. 가루 수프보다 깊은 맛을 느낄 수 있으며 티백 안에 수프와 팔각, 마늘, 고수, 양파, 클로버, 넛메그 등이 들어 있다.	고기 국물은 따로 내고 쌀국수 안에 들어가는 향신료를 소량 모아서 판매하는 것을 이용한다. 간편하면서 현지 본연의 쌀국수 맛을 느낄 수 있다.

• 소스

< 칠리갈릭피시소스(*Nuoc mam toi ot*) 만들기 >

밀가루 대신 쌀가루와 코코넛밀크로 반죽하고 강황을 넣어 노란색을 낸다. 또한 익혔을 때 겉을 바삭하게 만들기 위해 전분과 탄산수가 들어가는 것이 특징이다.

재료 및 분량

물 Water 2큰술
설탕 Sugar 2큰술
피시소스 Fish sauce 2큰술
라임즙 Lime juice 1큰술
다진 태국고추 Chopped Thai chili 1작은술
다진 마늘 Minced garlic 1작은술

만드는 법

① 물 2큰술에 설탕 2큰술을 넣고 녹인다.
② 피시소스, 라임즙, 다진 태국고추, 다진 마늘을 넣고 섞는다.

< 생강피시소스(*Nuoc mam gung*) 만들기 >

닭고기, 오리, 해산물 요리의 디핑 소스로, 달콤하고 시큼하며 매운맛을 낸다.

재료 및 분량

물 Water 2큰술
설탕 Sugar 1큰술
피시소스 Fish sauce 2큰술
라임즙 Lime juice 1큰술
다진 생강 Minced ginger 1큰술
다진 태국고추 Chopped Thai chili 1작은술
다진 마늘 Minced garlic ½작은술

만드는 법

① 물 2큰술에 설탕 1큰술을 넣고 녹인다.
② 피시소스, 라임즙, 다진 생강, 다진 태국고추, 다진 마늘을 넣고 섞는다.

< 슈림프페이스트소스(*Mam tom pha*) 만들기 >

베트남에서는 가는 당면, 싱싱한 콩, 춘권, 삶은 돼지고기, 허브와 오이에 새우소스를 곁들여 먹는다.

재료 및 분량

슈림프페이스트 Shrimp paste 1큰술
라임즙 Lime juice 1큰술
설탕 Sugar 1작은술
다진 태국고추 Chopped Thai chili 1작은술
다진 레몬그라스 Chopped lemongrass 1작은술

만드는 법

① 슈림프페이스트를 볼에 담고 라임즙을 약간씩 넣으며 기포가 날 때까지 섞는다.
② 설탕과 다진 태국고추, 다진 레몬그라스를 넣고 섞는다.

• 피클

< 양파 절임 >

양파 절임은 쌀국수를 먹을 때 빠지지 않고 나오는 곁들임 반찬이다. 쌀국수 국물과 어울리는 새콤달콤하고 아삭한 양파의 맛을 느낄 수 있다.

재료 및 분량

양파 Onion 1개
2배 식초 Double vinegar ¼컵
물 Water ¼컵
설탕 Sugar 2큰술

만드는 법

① 양파를 0.1㎝ 로 얇게 슬라이스해 찬물에 살짝 씻어 물기를 뺀다.
② 2배 식초, 물, 설탕을 분량대로 냄비에 넣고 중약불로 설탕이 녹을 때까지만(약 2분 정도) 끓여서 식힌다.
③ 양파에 ①의 식힌 소스를 넣고 30분 정도 절여서 바로바로 먹도록 한다.
  (너무 많이 절이면 수분이 많이 빠져 나와 아삭한 맛이 없어진다.)

< 마늘 절임 >

마늘 절임은 마늘의 알싸한 맛과 홍고추의 매운맛이 새콤한 맛과 잘 어울리는 반찬이다. 현지에서는 김치처럼 테이블에 반찬통으로 준비되어 있어 조금씩 그릇에 담아 곁들여 먹는다.

재료 및 분량

마늘 Garlic 20톨
홍고추 Red chili 50g
2배 식초 Double vinegar ½컵
물 Water ½컵
설탕 Sugar 1 ½큰술
소금 Salt ½작은술

만드는 법

① 깐마늘의 꼭지를 자르고 0.3㎝ 두께로 슬라이스 한다.
② 홍고추는 0.3㎝ 두께로 어슷하게 썰고 흐르는 물에 씻어 씨를 제거한다.
③ 2배 식초, 물, 설탕을 분량대로 냄비에 넣고 중약불에서 설탕이 녹을 때까지만(약 2분 정도) 끓여서 식힌다.
④ 깐마늘과 홍고추 슬라이스 한 것을 한데 넣고 ③의 소스를 부어 1~5일간 냉장고에서 차게 보관한 뒤 먹는다.

쉽고 맛있는 동남아 요리

소고기 쌀국수 *Beef noodle soup*

태국식 갈비국수 *Braised short ribs beef noodle soup*

닭고기 쌀국수 *Chicken noodle soup*

매운 쌀국수 *Spicy noodle soup*

돼지고기 쌀국수 *Pork noodle soup*

코코넛 카레 에그누들 *Coconut curry with egg noodles*

채소를 곁들인 숯불구이 쌀국수 *Grilled pork noodles with vegetables*

당면국수 볶음 *Fried glass noodles*

비빔쌀국수 *Mixed rice noodles*

태국식 볶음쌀국수 *Thai fried rice noodles*

숙주와 에그누들 볶음 *Stir-fried egg noodles and bean sprouts*

레몬그라스 소고기 스튜를 곁들인 쌀국수 *Lemongrass beef stew with rice noodles*

recipes

02

NOODLE SOUP

쌀국수

Beef noodle soup

소고기 쌀국수

Pho bo
포보

가장 기본이 되는 쌀국수로 소고기 양지와 뼈로 육수를 내고 소고기 고명을 올리는 베트남의 대표 음식이다.

만드는 방법

1. 소고기 육수를 만든다.
2. 쌀국수를 상온의 물에 약 30분 정도 불린다.
3. 끓는 물에 소금을 넣은 뒤, 쌀국수를 넣고 약 1분 정도 삶아 체로 건져 그릇에 담는다.
4. 숙주와 얇게 저민 소고기를 쌀국수 위에 고명으로 올린다.
5. 육수를 넣고 기호에 따라 홍고추와 고수를 올리고 라임 조각, 바질 잎, 민트 등을 곁들여 낸다. 칠리소스나 굴소스를 넣어 먹어도 좋다.

tip 소고기 육수 내는 법

① 소고기 양지머리와 소뼈는 찬물에 담가 핏물을 제거한 후 끓는 물에 3분 정도 데친다. ② 끓는 물 3ℓ에 데친 양지머리와 소뼈, 통후추, 정향, 월계수 잎, 마늘, 셀러리, 생강, 레몬그라스, 양파를 넣고 약불에서 약 1시간 정도 끓인다. ③ 고기는 건져 얇게 저며 고명으로 준비한다. ④ 육수는 1시간 정도 더 끓인 후 소창(면포)에 거르고 소금, 설탕, 피시소스로 간을 맞춘다.

재료 및 분량(4인분)

숙주 Bean sprouts 50g
다진 홍고추 Chopped red chili 2큰술
고수 Coriander 4줄기
라임 Lime ¼개
바질 잎 Basil leaves 약간
민트 Mint 약간
칠리소스 Chili sauce 1작은술
굴소스 Oyster sauce 1작은술

육수

소고기 양지머리 Beef 400g
소뼈 Beef bone 1kg
물 Water 3ℓ
통후추 Black pepper 1큰술
정향 Cloves 7개
월계수 잎 Bay leaves 5장
마늘 Garlic 7톨
셀러리 Celery 1대
생강 Chopped ginger 1톨
양파 Onion 1개
다진 레몬그라스 1작은술
Chopped lemongrass
소금 Salt 2작은술
설탕 Sugar 1큰술
피시소스 Fish sauce 2큰술

Braised short ribs beef noodle soup

태국식 갈비국수

Gu wei tai yo nea
꾸웨이띠여우느아

태국식 갈비국수는 베트남식에 비해 향신료가 다양하게 들어가고 부드럽게 삶은 고기를 덩어리째 얹어내는 게 특징이다.

만드는 방법

1 갈비국수 육수를 만든다.
2 쌀국수를 상온의 물에 약 30분 정도 불린다.
3 불린 쌀국수를 약 1분 정도 삶아 그릇에 담은 후, 숙주와 큼직하게 썬 고기를 국수 위에 얹고 준비한 육수를 붓는다.
4 기호에 따라 쪽파, 민트, 고추, 고수 등을 올리고 라임 조각을 곁들여 낸다.

tip 갈비국수 육수 내는 법

① 물 3ℓ에 소고기 어깨살 덩어리와 소뼈를 넣고 약한 불에서 약 1시간 정도 끓인다. ② 양파, 마늘, 샬롯, 생강은 매운맛이 날아가도록 통으로 가스불에 3분 정도 굽는다. ③ 팔각, 통후추, 고수씨앗, 카다몬, 정향을 넣고 다시 30분 정도 끓인다. ④ 고기는 건져 큼직하게 썰어 고명으로 준비한다. ⑤ 육수는 체에 걸러 맑은 육수만 남기고 소금, 설탕, 피시소스, 태국소이소스로 간을 맞춘다. ● 끓이는 중에 불은 약불로 줄이고 끓어오르는 거품은 걷어 준다. 약 2시간 정도 육수를 약불에서 끓이면서 물이 졸아들면 생수를 부으며 농도를 계속 맞춘다.

tip 간편하게 육수 내는 법

압력솥에 소 어깨살, 소뼈, 생강, 마늘, 샬롯, 양파, 팔각, 후추, 고수씨앗, 카디몬, 정향 등을 물과 함께 한꺼번에 넣고 강불에서 15분, 약불에서 10분간 끓여주면 조리시간을 단축할 수 있다(1~3번 과정을 한 번에 압력솥에 넣고 함).

재료 및 분량(4인분)

쌀국수 Rice noodles 400g
숙주 Bean sprouts 400g
쪽파 Julienned spring onion 8줄기
민트 Mint 4큰술
태국고추 Chopped chili 2큰술
고수 Coriander 15줄기

육수

물 Water 3ℓ
소뼈 Beef bone 1kg
소고기 어깨살 Beef shoulder 400g
생강 Ginger 1톨
마늘 Garlic 4톨
샬롯 Shallot ½개
양파 Onion ½개
팔각 Star anise 5개
통후추 Black pepper 1작은술
고수씨앗 Coriander seed 1작은술
카다몬 Cardamom 4개
정향 Cloves 6개
소금 Salt 2작은술
설탕 Sugar 3큰술
피시소스 Fish sauce 2큰술
태국소이소스 Thai soy sauce 2큰술

Chicken noodle soup

닭고기 쌀국수

Pho ga
포가

닭고기 육수를 낸 쌀국수로 주로 얇은 면인 버미셀리를 쓰고
닭살을 고명으로 올린다. 베트남 북쪽 지방인 하노이에서 시작됐다고 한다.

재료 및 분량(4인분)

얇은 쌀국수 Rice vermicelli 400g
고추기름 Chili oil 2큰술
소금 Salt 약간
후춧가루 Pepper powder 약간
숙주 Bean sprouts 200g
쪽파 Spring onion 3줄기
베트남고추 Vietnamese chili 2개

육수

닭 Chicken 1마리(1kg)
물 Water 3ℓ
양파 Onion ½개
당근 Carrot ¼개
파 Leek 1대
마늘 Garlic 6톨
생강 Ginger 1톨
정향 Cloves 5개
셀러리 Celery 1대
월계수 잎 Bay leaves 3장
소금 Salt ⅔큰술
피시소스 Fish sauce 2큰술

만드는 방법

1 닭고기 육수를 만든다.
2 쌀국수(버미셀리)를 상온의 물에 약 10분 정도 불린다.
3 쪽파와 베트남고추는 송송 썰고 숙주는 깨끗이 씻어 준비한다.
4 고추기름을 닭고기 육수에 넣어 5분 정도 끓이다가
  소금과 후춧가루로 간을 맞춘다.
5 끓는 물에 불린 쌀국수를 약 1분 정도 삶은 뒤 그릇에 담고
  육수를 붓는다.
6 닭고기와 숙주, 쪽파, 고추를 고명으로 올린다.

tip 닭고기 육수 내는 법

① 닭고기는 흐르는 물에 깨끗하게 손질한다. ② 3ℓ 정도의 물에 닭과 양파, 당근, 파, 마늘, 생강, 정향, 셀러리, 월계수 잎을 넣고 약 50분 정도 삶는다. ③ 육수는 소창(면포)에 걸러 찬 곳에서 식힌 다음 위에 뜬 기름을 제거한다. ④ 삶은 닭은 뼈를 바르고 가늘게 찢어 고명으로 준비한다. ⑤ 육수에 소금, 피시소스를 넣어 간을 맞춘다.

Spicy noodle soup

매운 쌀국수

Bun bo hue
분보후에

레몬그라스와 고추기름으로 맛을 낸 고기 육수에 쌀국수를 말아 먹는
베트남 중부 후에 지방의 대표 국수이다. 후에 지역은 비가 적고
볕이 강해 매운 고추가 많이 생산된다.

만드는 방법

1. 소고기와 닭고기 육수를 각각 준비한다.
2. 쌀국수를 상온의 물에 30분 이상 불린다.
3. 레몬그라스 1개는 3cm 길이로 썰고, 1개는 굵게 다진다.
   양파도 반은 채 썰고 반은 굵게 다져 놓는다.
4. 고수는 깨끗이 씻어 잎을 떼어 놓는다. 바질도 손질해 잎을 준비한다.
5. 팬에 식용유 2큰술을 두르고 다진 레몬그라스, 다진 양파,
   다진 마늘을 넣고 중불에서 약 2~3분 정도 볶는다.
6. ⑤에 카레가루와 칠리파우더를 넣고 약한 불에서 잘 풀어질 때까지
   볶는다.
7. 냄비에 소고기 육수 5컵, 닭고기 육수 3컵과 썰어 둔 레몬그라스를
   넣고 중불에서 약 30분 정도 끓인다.
8. ⑦의 육수에 피시소스, 설탕, 간장, 소금을 넣어 간을 맞춘 뒤,
   ⑥을 넣고 약 10분 정도 중불에서 끓인다.
9. 끓는 물에 쌀국수를 넣고 약 1분 정도 삶은 후 찬물에 살짝 헹궈
   그릇에 담는다.
10. 소고기와 숙주를 고명으로 올린 뒤, ⑧의 육수를 붓는다.
11. 채 썬 양파와 고수, 바질을 고명으로 올리고 라임 조각을 곁들여 낸다.

tip 소고기 육수 내는 법 ———
① 양지머리 고기와 소뼈는 찬물에 담가 핏물을 제거한다. ② 끓는
물 1.5ℓ에 양지머리와 소뼈, 통후추, 마늘을 넣고 약불에서 약 1시
간 정도 끓인다. ③ 고기는 건져 얇게 저며 고명으로 준비한다. ④
1시간 정도 더 끓인 후 육수는 소창(면포)에 거르고 소금으로 간을
맞춘다.

tip 닭고기 육수 내는 법 ———
① 닭은 손질해 흐르는 물에 깨끗이 씻는다. ② 1ℓ 물에 ①의 닭과
마늘, 생강을 넣고 약 20분 정도 끓인다. ③ 육수는 소창(면포)에 걸
러 기름기를 제거한다. ④ 소금으로 간을 맞춘다.

재료 및 분량(4인분)

쌀국수 Rice noodles 400g
레몬그라스 Lemongrass 2대
(육수용 1개, 볶음용 1개)
식용유 Vegetable oil 2큰술
양파 Onion 1개
다진 마늘 Minced garlic 2큰술
카레가루 Curry powder ⅓작은술
칠리파우더 Chili powder 3큰술
피시소스 Fish sauce 2큰술
간장 Soy sauce 1½큰술
설탕 Sugar 1큰술
소금 Salt 약간
숙주 Bean sprouts 200g
바질 Basil 2줄기
고수 Coriander 10줄기
라임 Lime 1개

소고기 육수

소고기 양지머리 Beef 500g
소뼈 Beef bone 300g
물 Water 1½ℓ
통후추 Black pepper 1작은술
마늘 Garlic 2톨
소금 Salt ½작은술

닭고기 육수

닭 Chicken ½마리
물 Water 1ℓ
마늘 Garlic 2톨
생강 Ginger 1톨
소금 Salt ½작은술

Pork noodle soup

돼지고기 쌀국수

Gu wei tai yo moo
꾸웨이띠여우무

돼지고기와 뼈, 여러 가지 향신료로 넣고 푹 고아 만든 육수에 쌀국수를 넣어 먹는 태국의 고기국수이다. 무는 돼지고기란 뜻으로 닭고기 등을 넣으면 이름이 달라진다.

만드는 방법

1. 돼지고기 육수를 준비한다.
2. 육수에 치킨파우더, 후춧가루, 간장, 시즈닝간장, 설탕을 넣어 간을 더한다.
3. 쌀국수를 상온의 물에 30분 이상 불린다.
4. 숙주는 깨끗이 씻고 고수는 잎을 떼어 준비한다. 쪽파는 송송 썰어 놓는다.
5. 팬에 ②의 육수를 반 컵 넣고 다진 돼지고기를 넣어 볶는다.
6. 끓는 물에 불린 쌀국수를 1분 정도 삶는다.
9. 그릇에 쌀국수를 담고 숙주, 돼지고기 사태, 볶은 돼지고기를 올린 다음 육수를 붓는다.
10. 고수, 쪽파, 튀긴 다진 마늘을 올린다. 기호에 따라 미트볼이나, 피시볼을 넣어도 좋다.

tip 돼지고기 육수 내는 법

① 돼지고기 사태와, 뼈는 찬물에 담가 핏물을 제거한다. ② 끓는 물 3ℓ에 돼지고기 사태, 돼지 뼈, 무, 당근, 고수 뿌리, 다진 마늘, 계피, 팔각을 넣어 약불에서 약 2시간 정도 끓인다. ③ 고기는 건져 얇게 썰어 고명으로 준비하고, 육수는 소창(면포)에 거른 뒤 소금, 설탕, 피시소스를 넣어 간을 맞춘다.

재료 및 분량(4인분)

쌀국수 Rice noodles 400g
다진 돼지고기 Ground pork 120g
치킨파우더 Chicken powder 3큰술
후춧가루 Black pepper powder 1작은술
간장 Soy sauce 2큰술
시즈닝간장 Seasoning soy sauce 2큰술
설탕 Sugar 3큰술
숙주 Bean sprouts 160g
고수 Coriander 4줄기
쪽파 Spring onion 2줄기
튀긴 다진 마늘 Fried minced garlic 4큰술

육수

돼지고기 사태 Pork shank 400g
돼지뼈 Pork bone 1kg
물 Water 3ℓ
무 White radish ¼개
당근 Carrot ½개
고수뿌리 Coriander root 10줄
다진 마늘 Minced garlic 2큰술
계피 Cinnamon 1토막
팔각 Star anise 5개
소금 Salt ⅓큰술
설탕 Sugar 1큰술
피시소스 Fish sauce 1큰술

Coconut curry with egg noodles

코코넛커리 에그누들

Laksa lemak
락사레막

말레이시아와 싱가포르에서 즐겨 먹는 국수요리로 락사에는 타마린드 즙을 넣은 새콤한 아쌈 락사와 코코넛밀크를 넣어 만든 부드러운 락사레막이 있다.

만드는 방법

1. 물 3ℓ에 닭가슴살을 넣고 20분 정도 강불에서 끓여 육수를 낸다. 익은 닭가슴살은 건져 한입 크기로 썬다.
2. 닭고기 육수에 락사소스를 넣고 피시소스, 설탕, 소금으로 간을 맞춘다.
3. 새우살, 유부, 청경채와 닭가슴살을 넣고 7분 정도 중불에서 끓인다.
4. 코코넛밀크를 넣고 3분 정도 약불에서 더 끓인다.
5. 에그누들은 뜨거운 물을 부어 약 8분 정도 불린다.
6. 끓는 물에 에그누들을 약 1분 정도 삶은 뒤, 찬물에 살짝 헹궈 그릇에 담는다.
7. ④를 붓고 삶은 달걀과 고수, 슬라이스 한 태국고추를 함께 담아낸다. 라임을 곁들이면 더욱 좋다.

재료 및 분량(4인분)

에그누들 Egg noodles 400g
물 Water 3ℓ
닭가슴살 Chicken breast 500g
락사소스 Laksa sauce 1컵
피시소스 Fish sauce 4큰술
설탕 Sugar 3큰술
소금 Salt ½큰술
새우살 Shrimp 15~20마리
유부 Fried tofu 8개
청경채 Bok choy 8개
코코넛밀크 Coconut milk 2컵(400㎖)
삶은 달걀 Boiled egg 1개
고수 Coriander 15줄기(40g)
태국고추 Sliced red Thai chili 3개(10g)
라임 Lime 1개

Grilled pork noodles with vegetables

채소를 곁들인 숯불구이 쌀국수

Bun cha
분짜

분짜는 베트남 북부 지역의 음식으로 쌀국수와 숯불에 구운 돼지고기,
채소를 함께 새콤달콤한 소스에 충분히 적셔 먹는 음식이다.
상추와 허브를 같이 곁들이면 더욱 맛있다.

만드는 방법

1. 쌀국수는 상온의 물에 약 30분 정도 불린다.
2. 분량의 재료를 섞어 고기 양념장을 만든다.
3. 돼지고기나 다진 돼지고기는 고기 양념장에 30분 이상 재어 둔다.
    - 돼지고기는 살코기를 써도 되고, 돼지고기 다진 것을 써도 된다.
4. 소스에 들어가는 그린파파야와 당근은 껍질을 벗기고 채 썰어 소금에 15분 정도 절인 다음 씻어 물기를 제거한다.
5. 상추, 고수와 민트는 깨끗이 씻어 접시에 보기 좋게 담는다.
6. 재어 둔 돼지고기를 숯불이나 팬에 굽는다.
7. 소스를 만들어 그릇에 담은 후 ④의 그린파파야와 당근을 소스에 담가 간이 배게 한다.
8. 끓는 물에 불린 쌀국수를 넣어 약 1분 정도 삶은 후, 찬물에 살짝 씻어 접시에 담는다.
9. 쌀국수, 채소와 고기를 각각 다른 그릇에 담아 소스에 찍어 먹는다.

재료 및 분량(4인분)

쌀국수 Rice noodles 400g
다진 돼지고기 Ground pork 600g
상추 Lettuce 8장
고수 Coriander 10줄기
민트 Mint 20줄기

고기 양념장

간장 Soy sauce 2큰술
피시소스 Fish sauce 1큰술
설탕 Sugar 1½큰술
다진 마늘 Minced garlic 2큰술
미림 Mirin 1½큰술

소스

피시소스 Fish sauce ½컵
설탕 Sugar ¾컵
다진 마늘 Minced garlic 6큰술
라임즙 Lime juice 3작은술
뜨거운 물 Hot water 1컵
그린파파야 Green papaya ¼개
당근 Carrot ⅛개
베트남고추 Vietnamese chili 2개

Fried glass noodles

당면국수 볶음

Goong ob woonsen
꿍옵운센

태국을 대표하는 면 요리 중 하나로 가느다란 녹두 당면에 새우를 넣고 볶아낸 것이다. 한국의 잡채와 비슷하고 맛이 담백하다.

재료 및 분량(4인분)

녹두 당면 Mung bean glass noodles 200g
식용유 Vegetable oil 1큰술
얇게 썬 삼겹살 Sliced pork belly 100g
껍질 깐 새우 Shrimp 12마리
(중하 또는 대하)
쪽파 Spring onion 10줄기

양념장

간장 Soy sauce 4큰술
물 Water ½컵
설탕 Sugar 1큰술
다진 마늘 Minced garlic 1큰술
굴소스 Oyster sauce 1큰술

만드는 방법

1. 얇은 녹두 당면을 상온의 물에 약 10분 정도 불린다.
2. 분량의 재료를 넣어 양념장을 만든다.
3. 팬에 식용유를 두르고 강한 불로 얇게 썬 삼겹살을 5분 정도 볶다가, 새우를 넣고 3분 정도 같이 볶는다.
4. 불린 당면과 양념장을 넣고 2~3분 정도 더 볶는다.
5. 당면이 거의 익으면 길게 썬 쪽파를 넣고 숨을 죽인 뒤, 그릇에 담아낸다.

1 *3* *4*

Mixed rice noodles

비빔쌀국수

Bun thit nuong
분팃느엉

분짜와 비슷한 베트남 음식으로 차게 식힌 쌀국수에 숯불로 구운 고기,
숙주, 당근, 상추 등을 넣고 소스에 비벼 먹는 비빔쌀국수이다.
다진 땅콩을 뿌려 먹는다.

재료 및 분량(4인분)

쌀국수 Rice noodles 400g
돼지고기 안심 Pork tenderloin 400g
양파 Onion ½개
오이 Cucumber ½개
당근 Carrot ⅓개
상추 Lettuce 5장
고수 Coriander 5줄기
숙주 Bean sprouts 200g
다진 땅콩 Chopped peanut 2큰술

고기 양념장

간장 Soy sauce 2큰술
피시소스 Fish sauce 1큰술
설탕 Sugar 1½큰술
다진 마늘 Minced garlic 2큰술
미림 Mirin 1½큰술

느억짬소스

피시소스 Fish sauce 3½큰술
설탕 Sugar 3½큰술
다진 마늘 Minced garlic 1큰술
베트남고추 Vietnamese chili 3개
식초 Vinegar 6큰술
물 Water ½컵

만드는 방법

1 쌀국수를 상온의 물에 약 30분 정도 불린다.
2 고기 양념장 재료를 섞어 고기 양념장을 만든다.
3 돼지고기는 얇게 썰어 고기 양념장에 재어 둔다.
4 양파, 오이, 당근은 5㎝ 길이로 채 썰고, 양파는 찬물에 담가
　매운맛을 제거한다.
5 상추와 고수는 씻은 후 먹기 좋은 크기로 자르고
　숙주는 끓는 물에 살짝 데친다.
6 소스 재료를 섞어 느억짬소스를 만든다.
7 ③의 고기를 석쇠나 팬에 굽는다.
　(숯불 향이 나게 하려면 석쇠에 굽는 것이 좋음)
8 불린 쌀국수를 끓는 물에 약 1분 정도 삶은 후,
　찬물에 살짝 씻어 그릇에 담는다.
9 준비한 채소와 구운 고기를 올린 후,
　다진 땅콩을 뿌리고 느억짬소스와 함께 낸다.

Thai fried rice noodles

태국식 볶음쌀국수

Pad thai
팟타이

팟타이는 널리 알려진 태국의 볶음 쌀국수로 새우, 해산물, 닭 등의 재료를 넣어 다양하게 응용할 수 있다. 주로 두꺼운 면을 사용한다.

만드는 방법

1. 쌀국수는 상온의 물에 약 30분 이상 불린다.
2. 분량의 재료를 넣고 볶음 양념장을 만든다.
3. 양파, 청파프리카, 홍파프리카는 채 썬다.
4. 중불로 달궈진 팬에 식용유 2큰술을 두르고 달걀물을 넣은 뒤 중불에서 저어주며 반쯤 익힌다.
5. 달걀이 반 정도 익으면 식용유 2큰술, 볶음 양념장, 불린 쌀국수, 새우를 넣고 3분 정도 볶는다.
6. ③의 채소와 다진 마늘을 넣고 강불에서 1분 정도 더 볶는다.
7. 숙주를 넣고 1분 정도 강불에서 살짝 볶은 뒤 그릇에 담아낸다.
8. 취향에 따라 다진 땅콩과 쪽파를 뿌린다.

재료 및 분량(4인분)

쌀국수 넓은 면 Wide rice noodles 270g
달걀물 Egg wash 3개분
새우(중하) Shrimp 12개
양파 Onion 1개
청파프리카 Green paprika ½개
홍파프리카 Red paprika ½개
식용유 Vegetable oil 4큰술
다진 마늘 Minced garlic 2큰술
숙주 Bean sprouts 200g
다진 땅콩 Chopped peanut 2큰술
다진 쪽파 Chopped spring onion 2큰술

볶음 양념장

칠리소스 Chili sauce 6큰술
스리라차소스 Sriracha sauce 1½큰술
레몬즙 Lemon juice 1½큰술
굴소스 Oyster sauce 2½큰술
피시소스 Fish sauce 1½작은술
설탕 Sugar 2큰술

Stir-fried egg noodles and bean sprouts

숙주와 에그누들 볶음

Mi goreng
미고랭

미고랭은 인도네시아 전통 요리로 달걀을 이용하여 만든 에그누들에
여러 가지 재료를 섞어 만든 인도네시아식 볶음국수이다.
미는 국수, 고랭은 볶는다는 뜻이다.

만드는 방법

1. 에그누들은 뜨거운 물에 약 8분 정도 불린 다음 물기를 제거한다.
2. 쪽파는 5㎝길이로 썰고, 양파는 두껍게 채 썬다.
3. 팬에 식용유 2큰술을 두르고 썰어 둔 쪽파와 양파를 강불에서 1분 정도 볶는다.
4. ③의 팬에 식용유 3큰술을 두르고 물기를 뺀 에그누들을 넣고 3분 정도 튀기듯 볶는다.
5. 숙주를 넣고 센 불에서 1분 정도 더 볶는다.
6. 케찹마니스, 삼발소스, 굴소스를 넣어 간을 맞춘 후 그릇에 담아낸다.
7. 기호에 따라 다진 땅콩을 올린다.

재료 및 분량(4인분)

에그누들 Egg noodles 400g
쪽파 Spring onion 3줄기
양파 Onion 1개
식용유 Vegetable oil 5큰술
숙주 Bean sprouts 300g
케찹마니스 Kecap manis sauce 2큰술
삼발소스 Sambal sauce 1큰술
굴소스 Oyster sauce 4큰술
다진 땅콩 Chopped peanut 4큰술

Lemongrass beef stew with rice noodles

레몬그라스 소고기 스튜를 곁들인 쌀국수

Beef rendang
소고기 렌당

여러 가지 매운 향신료로 만든 소스에 소고기를 넣고 장시간 조리한 인도네시아 전통 요리이다. 인도네시아 군도 중 하나인 수마트라섬에서 탄생했으며 특별한 날 먹는 음식이었다고 한다.

만드는 방법

1. 끓는 물 1ℓ에 소고기 사태와 소뼈, 통후추, 마늘을 넣고 1시간 정도 끓여 육수를 낸다.
2. 고기는 건져 2×2㎝로 썰어 두고 육수는 소금으로 간을 맞춘다.
3. 쌀국수를 상온의 물에 약 30분 이상 불린다.
4. 레몬그라스는 채 썰고 홍고추, 청고추는 어슷 썬다.
5. 고수는 뿌리를 제거하고 줄기와 잎을 떼어 반은 다지고 반은 고명으로 남긴다.
6. 냄비에 식용유 3큰술을 두르고 다진 생강, 다진 마늘, 다진 고수, 레몬그라스와 홍고추 ½을 넣어 약불에서 볶는다.
7. ⑥에 소고기 육수, 사태, 황설탕, 정향을 넣고 약불에서 약 1시간 정도 끓인다.
8. 칠리파우더와 코리앤더가루, 간장을 넣고 약 15분 정도 약불에서 끓여 스튜를 완성한다(부드러운 렌당을 원할 경우 코코넛밀크를 400g정도 넣어 줘도 좋음).
9. 끓는 물에 쌀국수를 넣고 1분 정도 삶은 뒤 찬물에 살짝 씻어 그릇에 담는다.
10. 쌀국수 위에 ⑧의 소고기 스튜를 올리고 송송 썬 홍고추와 청고추, 고수로 장식한다.

재료 및 분량(4인분)

쌀국수 중간 면 400g
Medium wide rice noodles
다진 생강 Minced ginger ½큰술
다진 마늘 Minced garlic 1큰술
고수 Coriander 8줄기
레몬그라스 Lemongrass 6대
홍고추 Red chili 2개
청고추 Green chili 2개
식용유 Vegetable oil 3큰술
황설탕 Brown sugar 2큰술
정향 Cloves 4개
칠리파우더 Chili powder 4큰술
코리앤더가루 Coriander powder 1큰술
간장 Soy sauce 2큰술

육수

소고기 사태 Beef 600g
소뼈 Beef bone 300g
물 Water 1ℓ
통후추 Black pepper 1작은술
마늘 Garlic 2톨
소금 Salt ½작은술

쉽고 맛있는 동남아 요리

게살 라이스페이퍼 롤 *Fresh rice paper rolls with crab meat*
새우 라이스페이퍼 롤 *Shrimp rice paper rolls*
쌀가루 반죽에 돼지고기와 채소를 넣은 쌈 *Dough with pork and vegetables*
채소 라이스페이퍼 롤 튀김 *Deep fried vegetable rice paper rolls*
돼지고기 라이스페이퍼 롤 튀김 *Deep fried pork rice paper rolls*
새우 라이스페이퍼 롤 튀김 *Deep fried net-shaped rice paper rolls with shrimp*
라이스페이퍼 치즈구이 *Grilled rice paper with cheese*
반으로 접는 베트남식 팬케이크 *Vietnam style half-folded pancakes*
베트남식 미니 팬케이크 *Vietnam style mini pancakes*
베트남 중부지방식 팬케이크 *Central Vietnam style pancakes*
구운 닭고기 바게트 샌드위치 *Grilled chicken baguette sandwich*
삼겹살 바비큐 바게트 샌드위치 *BBQ pork baguette sandwich*
꼬치구이 바게트 샌드위치 *Grilled skewers baguette sandwich*
돼지고기 껍질 바게트 샌드위치 *Poached pork skin baguette sandwich*
돼지고기 완자 바게트 샌드위치 *Meat ball baguette sandwich*

recipes
03

RICE PAPER
BANH XEO
BANH MI

라이스페이퍼 / 반세오 / 반미

Fresh rice paper rolls with crab meat

게살 라이스페이퍼 롤

Goi cuon cua
고이꾸온꾸어

꾸어는 게를 뜻하는 베트남 말로 고이꾸온꾸어는 즉석에서 만든 부드러운 라이스페이퍼 위에 게살과 다양한 채소를 넣고 말아 소스에 찍어 먹는 음식이다.

만드는 방법

1. 게살은 안의 힘줄을 빼고 키친타월을 이용해 물기를 없앤다.
2. 오이는 씨를 제거하고 길쭉하고 얇게 썬다.
3. 당근은 가늘게 채 썰고 고수는 잎만 떼어 준비한다.
4. 반짱 반죽을 뜨거운 팬에 넓게 펼친 뒤 뚜껑을 덮고 약불로 1분간 익혀 라이스페이퍼를 만든다.
5. 워킹테이블에 라이스페이퍼를 깔고 상추, 오이, 당근, 딜, 고수 잎을 넣고 게살을 넣은 다음 마지막에 부추를 넣어 게살과 부추가 라이스페이퍼에 비쳐 보이도록 만다.
6. 디핑 소스를 만들어 곁들여 낸다.

tip 소스 만드는 법 ────
① 팬에 식용유를 두르고 열이 오르면 다진 마늘을 넣어 볶는다.
② 호이신소스와 육수를 ①에 넣고 끓이다가 땅콩버터와 설탕을 넣고 걸쭉해질 때까지 끓인다. ③ 그릇에 담고 다진 땅콩과 고추를 토핑으로 올린다.

5

재료 및 분량(1인분)

반짱 반죽 Banh trang paste 2컵
게살 Crab meat 50g
오이 Cucumber ⅙개
당근 Carrot ⅙개
고수 Coriander 2줄기
딜 Dill 약간
부추 Garlic chives 약간

디핑 소스

식용유 Vegetable oil 1큰술
다진 마늘 Minced garlic 1큰술
호이신소스(해선장) Hoisin sauce 1큰술
육수 Broth 5큰술
땅콩버터 Peanut butter 1큰술
설탕 Sugar 1큰술
다진 땅콩 Chopped peanut 1큰술
청고추 Green chili ½개
베트남고추 Vietnamese chili 1개

Shrimp rice paper rolls

새우 라이스페이퍼 롤

Goi cuon tom
고이꾸온톰

고이꾸온톰은 따뜻한 물에 불린 라이스페이퍼 위에 새우와 다양한 채소,
허브 등을 넣고 싸서 바로 먹는 음식이다. 베트남 말로 톰은 새우를 의미한다.

만드는 방법

1. 끓는 물에 약간의 소금을 넣고 삼겹살을 약불에서 30분 정도 삶는다. 삼겹살이 익으면 찬물에 넣어 식힌 후 물기를 제거하고 얇게 썬다.
2. 새우는 등의 내장을 제거하고 삶은 뒤 반을 갈라놓는다.
3. 쌀국수는 찬물에 30분 이상 불린 다음 끓는 물에 1분 정도 삶아 찬물에 헹군다.
4. 오이는 씨를 제거해 길쭉하고 얇게 썬다.
5. 라이스페이퍼는 미지근한 물에 적셔 부드럽게 한다.
6. 워킹테이블에 라이스페이퍼를 깔고 상추, 오이와 쌀국수를 넣은 다음 중간 부분에 삼겹살, 새우, 고수와 바질을 넣고 마지막에 부추를 넣어 삼겹살, 새우, 부추가 라이스페이퍼에 비쳐 보이도록 만든다.

tip 느억짬소스 만드는 법

① 설탕, 식초, 피시소스, 레몬즙과 물을 넣고 설탕이 녹을 때까지 저어 준다. ② 베트남고추, 마늘, 샬롯을 곱게 다져 토핑으로 사용한다.

재료 및 분량(1인분)

라이스페이퍼(반짱) Rice paper 4장
새우(중하) Shrimp 6마리
삼겹살 Pork belly 140g
쌀국수 Rice noodles 70g
오이 Cucumber ¼개
상추 Lettuce 8장
바질 잎 Basil leaves 약간
고수 Coriander 2줄기
부추 Garlic chives 약간
소금 Salt 1작은술

느억짬소스

설탕 Sugar 3큰술
식초 Vinegar 1½큰술
피시소스 Fish sauce 3큰술
레몬 Lemon ½개
물 Water 10큰술
베트남고추 Vietnamese chili 4개
마늘 Garlic 4톨
샬롯 Shallot 1개

5

6

Dough with pork and vegetables

쌀가루 반죽에 돼지고기와 채소를 넣은 쌈

Banh cuon
반꾸온

얇은 쌀가루 반죽으로 만든 피에 돼지고기나 버섯 등을 넣고 찐 베트남 롤이다. 쫀득한 맛이 일품이므로 따뜻할 때 즉시 먹어야 제맛을 느낄 수 있다.

만드는 방법

1. 반꾸온파우더에 물, 소금, 식용유를 넣고 밀전병 정도의 농도로 반죽을 만든다.
2. 목이버섯은 미지근한 물에 불린 뒤 채 썬다.
3. 돼지고기는 다져서 소금과 후춧가루로 밑간을 한다.
4. 마늘과 베트남고추는 다지고 당근은 채 썬다.
5. 샬롯 ½은 다지고 ½는 채 썬다.
   채 썬 샬롯은 식용유 175℃에 노릇해질 때까지 튀긴다.
6. 실파는 송송 썰어 준비한다. 고수는 뿌리는 제거하고 줄기와 잎만 떼어 준비한다.
7. 팬에 식용유를 두르고 다진 마늘, 다진 고추와 다진 샬롯을 볶다가 채 썬 목이버섯과 당근, 다진 돼지고기를 넣고 고기가 익을 때까지 볶는다.
8. 준비해 둔 반꾸온 피를 밀전병처럼 얇게 부친다.
9. 그릇에 반꾸온 피를 펼쳐 놓고 볶은 재료를 넣어 만다.
10. 소스 재료를 섞어 소스를 만든다.
11. 송송 썬 실파와 샬롯 튀김을 토핑으로 얹고 고수와 소스를 곁들여 낸다.

재료 및 분량(3인분)

반꾸온파우더 Banh cuon powder 100g
돼지고기 Pork 200g
목이버섯 Black mushroom 10g
식용유 Vegetable oil 2큰술
샬롯 Shallot 1개
마늘 Garlic 5톨
베트남고추 Vietnamese chili 3개
당근 Carrot ¼개
실파 Small green onion 2줄기
고수 Coriander 2~3줄기
소금 Salt 1큰술
후춧가루 Black pepper 약간

소스

피시소스 Fish sauce 2큰술
식초 Vinegar 1큰술
설탕 Sugar 1큰술
물 Water 1큰술
다진 베트남고추 1작은술
Minced Vietnamese chili

tip

반꾸온 피는 뜨거운 증기를 이용해 면포 위에서 만들기도 하고, 프라이팬에 얇게 부쳐 만들기도 한다.

Deep fried vegetable rice paper rolls

채소 라이스페이퍼 롤 튀김

Cha gio rau
짜조라우

라이스페이퍼에 다양한 채소를 넣어 말은 후 기름에 튀긴 음식을 짜조라 한다. 라우는 채소를 의미한다.

만드는 방법

1 글라스 누들은 1시간 이상 물에 담가 부드럽게 불린 후 3cm 길이로 자른다.
2 목이버섯은 물에 불려 채 썰고 느타리버섯은 손으로 찢어 둔다. 당근, 양배추, 그린빈도 채 썬다.
3 팬에 식용유를 두르고 채소를 넣어 볶다가 불린 글라스 누들을 넣고, 굴소스, 간장, 소금, 후춧가루, 설탕으로 간을 맞춘다.
4 충분히 볶아지면 참기름을 넣고 마지막으로 전분 1작은술과 물 2작은술을 섞은 전분 물을 넣어 재료가 잘 엉기게 한다.
5 라이스페이퍼를 깔고 ④를 넣어 말아 165℃ 기름에 튀긴다.

tip 느억짬소스 만드는 법

① 설탕, 식초, 피시소스, 레몬즙, 물을 넣고 설탕이 녹을 때까지 젓는다. ② 베트남고추, 마늘, 샬롯을 곱게 다져 토핑으로 올린다.

재료 및 분량(1인분)

라이스페이퍼(반짱) Rice paper 4장
글라스 누들 Glass noodles 30g
목이버섯 Black mushroom 5송이
느타리버섯 Oyster mushroom 4송이
당근 Carrot 1/10개
양배추 Cabbage 1장
그린빈 Green bean 4줄기
식용유 Vegetable oil 1큰술
굴소스 Oyster sauce 1큰술
간장 Soy sauce 1작은술
소금 Salt 약간
후춧가루 Black pepper 약간
설탕 Sugar 1작은술
참기름 Sesame oil ½작은술
전분 Starch 1작은술
물 Water 2작은술

느억짬소스

설탕 Sugar 3큰술
식초 Vinegar 1 ½큰술
피시소스 Fish sauce 3큰술
레몬 Lemon ½개
물 Water 10큰술
베트남고추 Vietnamese chili 4개
마늘 Garlic 4톨
샬롯 Shallot 1개

Deep fried pork rice paper rolls

돼지고기 라이스페이퍼 롤 튀김

Cha gio lon
짜조론

다양한 채소와 다진 돼지고기로 소를 만들어 라이스페이퍼에 말은 뒤 기름에 튀긴 음식이다. 론은 베트남어로 돼지고기를 의미한다.

만드는 방법

1. 글라스 누들은 1시간 이상 물에 담가 부드럽게 불린 후 1㎝ 길이로 자른다.
2. 목이버섯은 물에 불려 채 썬다.
3. 얌빈, 고구마, 당근은 채 썰어 끓는 물에 데친 다음 찬물에 헹궈 물기를 제거한다.
4. 양파는 다지고 실파는 송송 썬다.
5. 볼에 손질한 모든 재료와 달걀, 돼지고기, 쌀가루를 잘 섞어 소를 만들고 8등분한다.
6. 라이스페이퍼를 깔고 소를 넣어 만다.
7. 팬에 식용유를 두르고 160℃ 온도에서 재료가 노릇해질 때까지 튀긴다.

tip 느억짬소스 만드는 법

① 설탕, 식초, 피시소스, 레몬즙과 물을 넣고 설탕이 녹을 때까지 젓는다. ② 베트남고추, 마늘, 샬롯을 곱게 다져 소스에 넣는다.

6

재료 및 분량(2인분)

라이스페이퍼 작은 것(반짱) Rice paper 8장
글라스 누들 Glass noodles 10g
다진 돼지고기 Ground pork 100g
목이버섯 Black mushroom 5송이
얌빈 Yam bean 1/10개
고구마 Sweet potato 1/10개
당근 Carrot 1/10개
양파 Onion 1/6개
실파 Small green onion 5줄기
달걀 Egg 1개
쌀가루 Rice flour 1작은술
소금 Salt 약간
후춧가루 Black pepper 약간

느억짬소스

설탕 Sugar 3큰술
식초 Vinegar 1½큰술
피시소스 Fish sauce 3큰술
레몬 Lemon ½개
물 Water 10큰술
베트남고추 Vietnamese chili 4개
마늘 Garlic 4톨
샬롯 Shallot 1개

Deep fried net-shaped rice paper rolls with shrimp

새우 라이스페이퍼 롤 튀김

—— *Cha gio re tom*
짜조레톰

톰은 새우를 의미하는 베트남 말로, 다양한 채소와 새우를 그물 모양의 라이스페이퍼인 반호이에 말아 기름에 튀긴 짜조레이다.

만드는 방법

1 글라스 누들은 1시간 이상 물에 담가 부드럽게 불린 후 3㎝ 길이로 자른다.
2 목이버섯은 물에 불려 채 썰고 느타리버섯은 손으로 찢는다. 당근과 양배추, 그린빈도 채 썬다.
3 새우는 껍질과 내장을 제거하고 익히는 과정에서 구부러지지 않도록 배 쪽에 칼집을 넣는다.
4 팬에 식용유를 두르고 채소를 넣어 볶다가 글라스 누들을 넣고 굴소스, 간장, 소금, 후춧가루, 설탕으로 간을 맞춘다.
5 충분히 볶아지면 참기름을 넣고 마지막으로 전분 1작은술과 물 2작은술을 섞은 전분 물을 넣어 재료가 잘 엉기도록 한다.
6 라이스페이퍼(반호이)에 볶은 재료와 새우를 넣고 말아 165℃ 기름에 튀긴다.

tip 느억짬소스 만드는 법

① 설탕, 식초, 피시소스, 레몬즙, 물을 넣고 설탕이 녹을 때까지 저어 준다. ② 베트남고추, 마늘, 샬롯을 곱게 다져 소스에 넣는다.

3

6

재료 및 분량(2인분)

라이스페이퍼(반호이) Banh hoi 8장
글라스 누들 Glass noodles 30g
새우 Shrimp 8마리
목이버섯 Black mushroom 5송이
느타리버섯 Oyster mushroom 4송이
당근 Carrot ⅛개
양배추 Cabbage 1~2장
그린빈 Green bean 4줄기
식용유 Vegetable oil 1큰술
굴소스 Oyster sauce 1큰술
간장 Soy sauce 1작은술
소금 Salt 약간
후춧가루 Black pepper 약간
설탕 Sugar 1작은술
참기름 Sesame oil ½작은술
전분 Starch 1작은술
물 Water 2작은술

느억짬소스

설탕 Sugar 3큰술
식초 Vinegar 1½큰술
피시소스 Fish sauce 3큰술
레몬 Lemon ½개
물 Water 10큰술
베트남고추 Vietnamese chili 4개
마늘 Garlic 4톨
샬롯 Shallot 1개

Grilled rice paper with cheese

라이스페이퍼 치즈구이

Banh trang nuong
반짱느엉

베트남의 대표적인 길거리 음식으로 사랑받는 반짱느엉은 라이스페이퍼 위에 여러 가지 토핑과 치즈를 올려 바삭하게 구워낸 음식으로 베트남의 피자라고도 한다.

만드는 방법

1. 팬에 버터를 넣고 다진 돼지고기를 볶으면서 소금과 후춧가루로 간을 맞춘다.
2. 홍파프리카와 실파를 잘게 다진다.
3. 건새우와 마늘 칩도 잘게 다진다.
4. 석쇠 위에 라이스페이퍼를 올리고 볶은 돼지고기와 껍질을 제거한 생 메추리알을 올린 뒤 섞으면서 고르게 편다.
5. 반 정도 익으면 다진 파프리카와 실파, 건새우, 마늘 칩, 샬롯 칩, 모차렐라 치즈를 올린다.
6. 메추리알이 완전히 익으면 칠리소스와 파마산 치즈가루를 올리고 반을 접어 뜨겁지 않도록 종이에 싸서 접시에 담아낸다.

재료 및 분량(4인분)

라이스페이퍼(반짱) Rice paper 4장
다진 돼지고기 Ground pork 200g
버터 Butter 20g
홍파프리카 Red paprika 1개
실파 Small green onion 15줄기
건새우 Dried shrimp 2큰술
마늘 칩 Garlic chip 2큰술
메추리알 Quail egg 8개
샬롯 칩 Shallot chip 2큰술
모차렐라 치즈 Mozzarella cheese 8큰술
칠리소스 Chili sauce 4큰술
파마산 치즈 Parmesan cheese 3큰술
소금 Salt 약간
후춧가루 Black pepper 약간

Vietnam style half folded pancakes

반으로 접는 베트남식 팬케이크 —— *Banh xeo* 반세오

반세오는 쌀가루로 만든 반죽에 여러 가지 속 재료를 얹어 반달 모양으로 접어 부쳐낸 베트남의 대중적인 음식으로 현지 노점이나 반세오 전문 식당에서 쉽게 접할 수 있다.

만드는 방법

1. 삼겹살은 2mm 두께, 3×3cm 크기로 잘라 소금과 후춧가루로 밑간을 한다.
2. 새우는 껍질과 내장을 제거하고 반으로 포를 떠 소금과 후춧가루로 밑간을 한다.
3. 양파는 채 썰어 두고 실파는 송송 썰어 반세오 반죽에 섞는다.
4. 팬에 식용유를 두르고 강한 불에 채 썬 양파를 볶다가 삼겹살과 새우를 올려 충분히 익힌다.
5. 팬에 반죽을 넣어 얇게 펴주고 불을 약하게 조절한다. 반죽이 거의 익으면 숙주를 한쪽에 올리고 뚜껑을 덮어 약 1분 정도 익힌 다음 뚜껑을 열어 바삭함을 확인하고 반으로 접어 접시에 담는다.
6. 한입 크기로 자른 반세오에 상추, 민트, 딜, 고수, 길고 얇게 자른 당근과 오이를 같이 곁들어 낸다.

tip 디핑 소스 만드는 법 ——

① 쌀 식초, 설탕, 피시소스, 물, 다진 마늘, 슬라이스 한 베트남고추, 후춧가루를 넣고 잘 섞는다. ② 파파야와 당근은 꽃모양으로 만들어 장식으로 올린다. • 디핑 소스로는 땅콩소스도 많이 사용하는데 땅콩소스는 코코넛밀크 100㎖, 물 100㎖, 땅콩버터 500g, 간장 ½큰술, 라임 ⅛개, 생강 약간, 소금 약간, 후춧가루 약간을 넣고 모든 재료를 섞어 만든다.

5

재료 및 분량(2인분)

반세오 반죽 Banh xeo paste 400㎖
삼겹살 Pork belly 120g
새우 Shrimp 12마리
양파 Onion ¼개
실파 Small green onion 3줄기
식용유 Vegetable oil 3큰술
숙주 Bean sprouts 80g
당근 Carrot ¼개
상추 Lettuce 16장
민트 Mint 10줄기
딜 Dill 10줄기
고수 Coriander 5줄기
오이 Cucumber 1개
소금 Salt 약간
후춧가루 Black pepper 약간

디핑 소스

쌀 식초 Rice vinegar 2큰술
설탕 Sugar 2큰술
피시소스 Fish sauce 2큰술
물 Water 5큰술
마늘 Garlic 3톨
베트남고추 Vietnamese chili 3개
후춧가루 Black pepper 약간
파파야 Papaya 20g
당근 Carrot 20g

Vietnam style mini pancakes

베트남식 미니 팬케이크

Banh khot
반콧

반세오를 한 입 크기로 작게 만든 반콧은 반구 형태의 전용 팬을 이용해 만든다. 쌀가루 반죽에 코코넛밀크를 넣어 달콤한 맛이 특징이다.

만드는 방법

1. 밥과 코코넛밀크를 믹서에 곱게 간 뒤 체에 내린다.
2. 볼에 쌀가루, 강황, 탄산수, 달걀, 타피오카 전분, 설탕, 소금을 섞은 다음 ①을 섞는다.
3. 돼지고기 간 것과 다진 양파, 채 썬 목이버섯을 섞은 뒤 소금과 후춧가루로 밑간을 한다.
4. 새우는 껍질과 내장을 제거해 크면 2~3등분한다. 오징어는 내장을 제거한 뒤 링 모양으로 잘라 소금과 후춧가루로 밑간을 한다.
5. 팬에 식용유를 두르고 강불에 밑간한 돼지고기와 새우, 그리고 오징어를 따로 익힌다.
6. 팬에 식용유를 두르고 150℃가 되면 송송 썬 실파를 넣어 튀긴다.
7. 당근, 무, 오이는 길쭉하게 채 썬다.
8. 반콧 팬에 기름을 두르고 반죽과 ⑤의 돼지고기, 새우, 오징어를 넣고 익힌다. 반 정도 익으면 위아래로 뒤집어주고 뚜껑을 덮어 약 1분 정도 익힌다.
9. 뚜껑을 열고 바삭함을 확인해 접시에 담은 다음 튀긴 파를 올린다.
10. 상추, 민트, 딜, 고수, 당근, 무, 오이를 곁들여 낸다.

tip 디핑 소스 만드는 법 ─────
① 코코넛 주스, 피시소스, 설탕, 식초를 섞는다.
② 마늘과 베트남고추를 곱게 다져 넣는다.

재료 및 분량(2인분)

쌀가루 Rice flour 120g
밥 Rice 20g
코코넛밀크 Coconut milk 100㎖
강황 Turmeric ½큰술
탄산수 Sparkling water 150㎖
달걀 Egg ½개
타피오카 전분 Tapioca starch 1큰술
설탕 Sugar 1큰술
소금 Salt ½작은술
돼지고기 간 것 Ground pork 120g
양파 Onion ¼개
목이버섯 Black mushroom 5송이
새우(중하) Shrimp 8마리
오징어 Squid ½마리
실파 Small green onion 3줄기
당근 Carrot ½개
무 Radish ⅛개
오이 Cucumber 1개
상추 Lettuce 16장
민트 Mint 40g
고수 Coriander 20g
딜 Dill 10g
소금 Salt 약간
후춧가루 Black pepper 약간
식용유 Vegetable oil 1컵

디핑 소스

코코넛 주스 Coconut juice 250㎖
피시소스 Fish sauce 80㎖
설탕 Sugar 80g
식초 Vinegar 2큰술
마늘 Garlic 5톨
베트남고추 Vietnamese chili 3개

Central Vietnam style pancakes

베트남 중부지방식 팬케이크

—— *Banh khoai*
반코아이

반코아이는 반세오랑 만드는 방법은 비슷하지만 크기가 작고 두툼하며
속 재료를 얹어 반으로 접지 않고 그대로 펴서 만드는 것이 특징이다.
베트남 중부 지역에서 많이 먹는다.

만드는 방법

1 새우는 껍질과 내장을 제거해 반으로 포를 뜨고,
오징어는 내장을 제거한 후 링 모양으로 잘라
소금과 후춧가루로 밑간을 한다.
2 양송이는 얇게 썰고, 느타리버섯은 손으로 찢어 준비하다.
3 팬에 식용유를 두르고 새우와 오징어를 넣어 익힌 뒤 같은
방법으로 양송이와 느타리버섯을 익혀 준비한다.
3 반세오 반죽에 송송 썬 실파를 넣고 섞는다.
4 팬에 채 썬 양파를 넣고 강한 불에 볶다가 반죽을 넣어
얇고 넓게 퍼지도록 팬을 돌려 펴주고 불을 약하게 한다.
5 반죽이 거의 익으면 새우, 오징어, 버섯, 숙주를 올리고
뚜껑을 덮어 약 1분 정도 익힌 다음 뚜껑을 열어
바삭함을 확인하고 접시에 담아낸다.
6 한입 크기로 자른 반코아이에 상추, 민트, 딜, 고수,
길고 얇게 자른 오이를 같이 곁들여 제공한다.

재료 및 분량(2인분)

반세오 반죽 Banh xeo paste 300㎖
새우 Shrimp 8마리
오징어 Squid ½마리
양송이 White mushroom 6송이
느타리 Oyster mushroom 6송이
실파 Small green onion 3줄기
양파 Onion ¼개
숙주 Bean sprouts 80g
상추 Lettuce 16장
민트 Mint 10줄기
딜 Dill 10줄기
고수 Coriander 5줄기
오이 Cucumber 1개
식용유 Vegetable oil 3큰술
소금 Salt 약간
후춧가루 Black pepper 약간

늑레오소스

우유 Milk 1컵
돼지 생간 Pork liver 100g
마늘 Garlic 4톨
땅콩 Peanut 50g
설탕 Sugar 2큰술
간장 Soy sauce 2큰술
물 Water 150㎖
타피오카 전분 Tapioca starch 2큰술
식용유 Vegetable oil 2큰술

tip 늑레오소스 만드는 법 ——

① 돼지 생간을 우유에 담가 냄새와 이물질을 제거한 뒤 물기를 닦고 다진다. ② 마늘과 땅콩을 다진다. ③ 팬에 식용유를 두르고 마늘을 볶다가 생간을 볶는다. ④ 돼지간이 다 익으면 물을 넣고 땅콩가루, 설탕, 간장을 넣어 간을 맞추고, 물에 갠 타피오카 전분을 넣어 농도를 걸쭉하게 만든다.

5

Grilled chicken baguette sandwich

구운 닭고기 바게트 샌드위치

Banh mi ga nuong
반미가누옹

반미 샌드위치 안에는 다양한 재료가 들어가며 어떤 재료가 들어있는가에 따라 이름이 약간씩 달라진다. 반미가누옹은 양념해 구운 닭고기를 넣은 샌드위치이다.

만드는 방법

1. 닭고기를 한입 크기로 잘라 다진 마늘, 소금, 후춧가루로 밑간을 하고 피시소스 1큰술, 꿀, 굴소스, 깨를 넣어 약 20분 정도 재어 둔다.
2. 설탕 2큰술, 레몬즙과 피시소스 2큰술을 섞어 반미에 넣을 소스를 만든다.
3. 재어 둔 닭고기는 약한 불에서 노릇해질 때까지 굽는다.
4. 무와 당근 피클을 준비하고 오이는 4~5㎝ 길이로 채 썰고, 샬롯은 모양을 살려 얇게 썬다.
5. 베트남고추는 가늘게 썰고, 고수와 민트는 부드러운 잎만 떼어 다듬는다.
6. 바게트를 반 갈라 마요네즈를 바른 다음 구운 닭고기를 넣고 오이, 피클, 베트남고추, 고수, 딜, 샬롯을 넣고 ②의 소스를 넣어 완성한다.

재료 및 분량(2인분)

바게트 Baguette 2개(20㎝)
닭고기 Chicken 200g
마늘 Garlic 6톨
피시소스 Fish sauce 3큰술
꿀 Honey 2큰술
굴소스 Oyster sauce 1큰술
깨 Sesame seed 1큰술
설탕 Sugar 2큰술
레몬 Lemon ½개
무와 당근 피클 100g
Pickled radish and carrot
오이 Cucumber ½개
샬롯 Shallot 2개
베트남고추 Vietnamese chili 1개
고수 Coriander 4줄기
민트 Mint 4줄기
마요네즈 Mayonnaise 2큰술
소금 Salt 약간
후춧가루 Black pepper 약간
식용유 Vegetable oil 1큰술

1

BBQ pork baguette sandwich

삼겹살 바비큐 바게트 샌드위치 —— *Banh mi xa xiu*
반미싸씨우

싸씨우는 돼지고기를 껍질째 바삭하게 구운 바비큐로 반미에 여러 가지
채소와 함께 넣어 먹는다. 스위트칠리소스가 들어가 약간 달콤한 맛이 난다.

만드는 방법

1. 삼겹살의 껍질 부분에 1cm 폭, 0.5cm 깊이로 칼집을 넣는다. 이렇게 하면 익은 뒤 썰 때 껍질이 부서지지 않는다.
2. 소금 1큰술과 식초 1큰술을 섞어 삼겹살 껍질 부분에 바르고 약 10시간 정도 냉장고에 재어 둔다.
3. 오븐에 재어 둔 삼겹살을 넣고 170℃에서 약 50분 정도 구워 껍질을 바삭하게 만든 후 폭 10cm 두께로 썬다.
4. 실파와 고수는 송송 썰고 민트, 바질, 딜은 잎만을 다듬는다. 샬롯은 모양을 살려 얇게 썬 다음 어슷하게 썬 청고추, 홍고추와 모두 섞어 레몬즙, 소금, 설탕, 후춧가루로 간을 맞춘다.
5. 바게트는 반 가른 후 마요네즈를 바르고 구운 삼겹살과 준비해 둔 채소, 그리고 스위트칠리소스를 넣어 완성한다.

재료 및 분량(2인분)

바게트 Baguette 2개(20cm)
껍질 있는 삼겹살 Pork belly 200g
실파 Small green onion 2줄기
고수 Coriander 30g
민트 Mint 4줄기
바질 Basil 4줄기
딜 Dil 4줄기
홍고추 Red chili 1개
청고추 Green chili 1개
레몬 Lemon ½개
소금 Salt 2큰술
식초 Vinegar 1큰술
설탕 Sugar 1큰술
후춧가루 Black pepper 약간
마요네즈 Mayonnaise 2큰술
스위트칠리소스 Sweet chili sauce 1큰술
샬롯 Shallot 2개

Grilled skewers baguette sandwich

꼬치구이 바게트 샌드위치

Banh mi thit nuong
반미팃누옹

반미는 밀가루에 쌀가루를 섞어 만든 베트남식 바케트의 현지어이나 지금은 쌀바게트로 만든 샌드위치를 포함하는 말이 되었다. 반미팃누옹은 양념해 구운 돼지고기를 넣은 반미 샌드위치이다.

만드는 방법

1. 돼지고기를 한입 크기로 잘라 다진 마늘 1큰술, 소금, 후춧가루를 넣고 밑간한 다음 꼬치에 끼운다.
2. 샬롯 1개는 다지고 1개는 모양을 살려 얇게 썬다.
3. 무와 당근 피클을 준비하고 오이는 길이로 채 썬다.
4. 베트남고추는 가늘게 썰고, 고수와 딜은 적당한 길이로 다듬는다.
5. 팬에 식용유를 두르고 다진 샬롯과 나머지 다진 마늘을 약불에서 볶다가 설탕을 넣고 색이 나면 피시소스와 굴소스를 넣어 끈적이는 농도가 될 때까지 졸인다.
6. 돼지고기 꼬치를 석쇠에 올려 익히면서 ⑤의 소스를 발라 준다.
7. 바게트를 반 갈라 마요네즈를 바른 다음 구운 꼬치, 오이, 피클, 베트남고추, 고수, 샬롯을 넣고 ⑤의 소스를 더해 완성한다.

재료 및 분량(2인분)

바게트 Baguette 2개(20cm)
돼지고기 Pork 200g
다진 마늘 Minced garlic 3큰술
샬롯 Shallot 2개
설탕 Sugar 10큰술
피시소스 Fish sauce 5큰술
굴소스 Oyster sauce 2큰술
베트남고추 Vietnamese chili 1개
고수 Coriander 4줄기
딜 Dill 4줄기
마요네즈 Mayonnaise 2줄기
무와 당근 피클 100g
Pickled radish and carrot
오이 Cucumber ½개
소금 Salt 약간
후춧가루 Black pepper 약간
식용유 Vegetable oil 1큰술

tip

당근과 무 피클은 채 썰어 당근과 무의 비율을 1:2로 섞은 후 식초 : 피시소스 : 설탕=1:1:2의 비율로 맞춘 담금 초에 절여서 만든다.

6

Poached pork skin baguette sandwich

돼지고기 껍질 바게트 샌드위치

Banh mi bi
반미비

반미비는 콜라겐이 많은 쫄깃한 돼지고기 껍질을 부드럽게 삶아
잘게 썬 다음 양념해 반미 안에 넣어 먹는 샌드위치이다.

만드는 방법

1. 돼지고기 껍질은 약불에 1시간 정도 삶아 부드럽게 만든 뒤 식혀 채 썬다.
2. 돼지고기 안심은 10분 정도 중불에 삶은 다음 팬에 식용유를 두르고 강한 불에서 노릇하게 구워 식힌 뒤 채 썬다.
3. 말린 표고버섯은 하루 정도 물에 불려 부드럽게 만들어 채 썬 다음 설탕 100g과 피시소스 50㎖을 넣고 졸인다.
4. 마늘은 다진 후 식용유에 볶는다.
5. 기름을 두르지 않는 팬에 쌀가루를 연한 갈색이 나도록 약불에서 볶는다.
6. 돼지고기 껍질, 돼지고기 안심, 마늘, 쌀가루를 섞어 소금과 설탕으로 간을 맞춘다.
7. 무와 당근 피클을 준비하고 오이는 씨를 제거해 채 썬다.
8. 실파 3줄기는 잘게 썰어 피시소스와 같이 섞는다. 나머지 4줄기는 뿌리와 줄기 끝을 다듬어 놓는다.
9. 바게트를 반 갈라 마요네즈를 바른 다음 피시소스에 절인 실파를 바르고 오이, 피클, 버섯, 실파 그리고 섞어 둔 ⑥의 재료를 넣어 완성한다.

재료 및 분량(4인분)

바게트 Baguette 2개(20cm)
돼지고기 껍질 Pork skin 100g
돼지고기 안심 Pork tenderloin 200g
말린 표고버섯 5송이
Dried shiitake mushroom
피시소스 Fish sauce 70㎖
설탕 Sugar 120g
마늘 Garlic 2톨
식용유 Vegetable oil 3큰술
쌀가루 Rice flour 3큰술
무와 당근 피클 100g
Pickled radish and carrot
오이 Cucumber ½개
실파 Small green onion 7줄기
마요네즈 Mayonnaise 2큰술
소금 Salt 약간

Meat ball baguette sandwich

돼지고기 완자 바게트 샌드위치 —— *Banh mi xiu mai*
반미씨우마이

씨우마이는 고기로 만든 완자를 가리키는 말로, 반미씨우마이는 찜통에 한 번 쪄낸 완자를 토마토소스에 졸여 반미에 넣어 먹는 샌드위치이다.

만드는 방법

1 얌빈은 채 썰어 물에 삶은 뒤 물기를 제거하고 잘게 다진다.
2 물밤, 마늘도 다져 놓는다.
3 돼지고기에 다진 얌빈과 물밤, 달걀, 다진 마늘 ½, 다진 대파 3큰술, 설탕 2큰술, 소금, 후춧가루, 전분을 섞어 약 1시간 정도 냉장고에서 재워 숙성한다.
4 ②의 반죽을 볼 형태로 만들어 찜통에 30분 정도 찐다.
5 완숙 토마토의 껍질과 씨를 제거하고 잘라 다진다.
6 팬에 식용유를 두르고 나머지 다진 마늘 ½과 대파 2큰술, 그리고 잘게 자른 말린 베트남고추를 약불에서 볶는다.
7 토마토, 설탕, 피시소스, 토마토페이스트를 ⑥에 넣고 끓으면 찐 미트볼을 넣어 맛이 배게 하고 마지막에 파마산치즈를 뿌린다.
8 고수는 잎만 다듬고, 실파는 5㎝길이로 자르고, 베트남고추와 양파는 얇게 썬다.
9 바게트를 반 갈라 마요네즈를 바른 다음 한입 크기로 자른 미트볼을 넣고 고수, 실파, 베트남고추, 양파를 넣어 완성한다.

재료 및 분량

바게트 Baguette 2개(20㎝)
돼지고기 간 것 Ground pork 500g
얌빈 Yam bean 200g
물밤 Water chestnut 30g
달걀 Egg 1개
마늘 Garlic 8톨
다진 대파 Minced leek 5큰술
설탕 Sugar 3큰술
소금 Salt 1작은술
후춧가루 Black pepper 1작은술
전분 Starch 1큰술
완숙 토마토 Fully cooked tomato 2~3개
말린 베트남고추 Dried Vietnamese chili 5개
피시소스 Fish sauce 2큰술
토마토페이스트 Tomato paste 1큰술
파마산 치즈 Parmesan cheese 3큰술
고수 Coriander 4줄기
실파 Small green onion 5줄기
베트남고추 Vietnamese chili 1개
양파 Onion ⅓개
마요네즈 Mayonnaise 2큰술
식용유 Vegetable oil 2큰술

3

4

쉽고 맛있는 동남아 요리

필리핀식 마늘 볶음밥 *Filipino garlic fried rice*

태국식 게살 볶음밥 *Thai crab meat fried rice*

태국식 파인애플 볶음밥 *Thai pineapple fried rice*

인도네시아식 볶음밥 *Indonesian fried rice*

베트남식 해물 볶음밥 *Vietnamese seafood fried rice*

필리핀식 파에야 *Filipino paella*

태국식 그린커리 *Thai green curry*

태국식 돼지고기 덮밥 *Thai pork rice bowl*

태국식 족발 덮밥 *Thai pork feet bowl*

필리핀식 닭고기죽 *Filipino chicken porridge*

베트남식 생선죽 *Vietnamese fish porridge*

베트남식 떡 *Vietnamese rice cake*

베트남식 찐만두 *Vietnamese steamed dumplings*

—
recipes
04

RICE
쌀요리

Filipino garlic fried rice

필리핀식 마늘 볶음밥

Sinangag
시낭각

필리핀에서 아침식사로 즐겨 먹는 음식이다. 전날 지어 먹고 남은 밥을 마늘 향 우려낸 기름에 볶아 다음날 먹는다고 한다. 시니강이라는 국이나 달걀 프라이 등과 함께 먹는다.

만드는 방법

1. 통마늘은 얇게 편으로 썬다.
2. 팬에 식용유를 두르고 약불에서 다진 마늘과 편으로 썬 마늘을 넣어 갈색이 될 때까지 볶는다.
3. ②에 간장을 넣고 약불에서 졸인다.
4. 밥을 넣어 골고루 볶는다.
5. 버터를 넣고 골고루 섞어 소금으로 간을 맞춘다.
6. 그릇에 볶음밥을 담고 볶은 마늘 편과 쪽파를 얹어 낸다.

tip

달걀, 햄, 베이컨, 채소(당근, 양파, 파프리카), 치킨, 새우 등의 재료를 넣어 응용할 수 있다.

재료 및 분량(3인분)

밥 Rice 3컵
통마늘 Garlic 5톨
다진 마늘 Minced garlic 1큰술
진간장 Soy sauce 2작은술
소금 Salt ⅓작은술
버터 Butter 20g
쪽파 Spring onion 2줄기
식용유 Vegetable oil 2큰술

Thai crab meat fried rice

태국식 게살 볶음밥

Khao pad bpu
카오팟뿌

태국의 대표적인 볶음밥으로 카오는 쌀이고
팟은 볶는다는 말이다. 볶음밥은 주재료에 따라 이름이 달라지는데
게살 볶음밥은 게살을 뜻하는 뿌가 붙는다.

만드는 방법

1. 안남미로 밥을 지어 식힌다.
2. 분량의 재료를 섞어 양념장을 미리 만들어 둔다.
3. 마늘은 곱게 다지고 양파, 당근, 토마토는 작은 주사위 모양으로 썰고 고수와 쪽파는 송송 잘게 썬다.
4. 게살은 물기를 제거한 후 결 방향대로 찢어 놓는다.
5. 팬에 식용유를 두르고 약불에서 달걀을 넣어 타지 않게 휘저어준 뒤 다진 마늘, 당근, 양파 순으로 넣어 볶는다.
6. ⑤에 밥을 넣어 빠르게 볶은 다음 양념장을 넣고 골고루 섞일 때까지 볶는다.
7. 마지막으로 게살, 토마토, 고수, 참기름과 후춧가루를 넣어 가볍게 볶는다.
8. 그릇에 쪽파와 라임 조각을 곁들여 낸다.

tip

- 게살은 수분이 많기 때문에 꼭 충분히 수분을 제거해야 한다. 그렇지 않으면 볶음밥이 질어질 수 있다.
- 게 대신 새우나 다른 해산물을 넣어 만들 수 있다.

재료 및 분량(3인분)

안남미 Indica rice 2컵
게살 Crab meat 200g
양파 Onion ½개
당근 Carrot ¼개
토마토 Tomato ½개
고수 Coriander 2줄기
쪽파 Spring onion 3줄기
마늘 Garlic 3톨
달걀 Egg 2개
식용유 Vegetable oil 3큰술
라임 Lime 1개
참기름 Sesame oil 1작은술
후춧가루 Black pepper 약간

양념

간장 Soy sauce 2큰술
굴소스 Oyster sauce 2큰술
코코넛 슈거 Coconut sugar 1작은술
피시소스 Fish sauce 1큰술
라임 주스 Lime juice 1작은술

Thai pineapple fried rice

태국식 파인애플 볶음밥

Khao pad sapparot
카오팟사파롯

사파롯은 파인애플을 뜻하는 말로 파인애플 속을 파서
그 속에 볶음밥을 넣는 타이푸드 중 하나이다.
볶음밥에 파인애플이 들어가 달콤함과 상큼함이 함께 느껴진다.

만드는 방법

1. 안남미로 밥을 지어 식힌다.
2. 분량의 재료를 넣어 양념장을 미리 만들어 둔다.
3. 마늘은 곱게 다지고 양파, 홍피망, 파인애플은 작은 주사위 모양으로 썬다. 쪽파와 고수는 송송 잘게 썬다.
4. 캐슈넛은 팬에 넣고 약불에서 타지 않게 볶은 후 식힌다.
5. 팬에 식용유를 두르고 약불에 달걀을 넣어 타지 않게 스크램블 한 다음 마늘, 양파, 홍피망 순으로 넣어 볶는다.
6. 밥을 넣어 빠르게 볶은 뒤 양념장을 넣고 골고루 섞일 때까지 볶는다.
7. ⑤에 파인애플, 캐슈넛, 고수, 쪽파를 넣고 가볍게 볶는다.
8. 고수와 라임 조각을 곁들여 낸다.

tip

기호에 따라 새우, 닭고기, 돼지고기, 양고기 등을 첨가해도 좋다.

재료 및 분량(3인분)

파인애플 Pineapple 1개
안남미 Indica rice 2컵
달걀 Egg 2개
홍피망 Red bell pepper ½개
양파 Onion ½개
마늘 Garlic 5톨
쪽파 Spring onion 3줄기
캐슈넛 Cashew nut 50g
고수 Coriander 2줄기
라임 Lime 1개
식용유 Vegetable oil 3큰술

양념

간장 Soy sauce 2큰술
굴소스 Oyster sauce 2큰술
피시소스 Fish sauce 4큰술
흑설탕 Black sugar 1큰술
라임 주스 Lime juice 2작은술
참기름 Sesame oil 1작은술
후춧가루 Black pepper 약간

Indonesian fried rice

인도네시아식 볶음밥

Nasi goreng
나시고랭

나시고랭은 밥에 채소, 해산물, 고기 등을 넣고 특유의 소스로 볶아낸 인도네시아식 볶음밥이다. 나시는 쌀, 고랭은 볶음을 뜻한다.

만드는 방법

1. 바스마티 쌀로 밥을 지어 식혀 놓는다.
2. 분량의 재료를 넣어 나시고랭소스를 미리 만들어 둔다.
3. 대파와 표고버섯은 가늘게 채 썰고 당근은 다진다.
4. 건새우는 팬에 볶아 비린내를 없애고 생새우(탈각 새우)는 살짝 데쳐 준비한다.
5. 완두콩은 소금물에 데친 후 식혀 준비하고 쪽파와 고수는 송송 잘게 썬다.
6. 팬에 식용유를 두르고 당근, 표고버섯, 새우를 볶아 꺼내 놓는다.
7. 팬에 식용유를 두르고 대파를 넣어 약불에서 타지 않게 볶은 후 달걀 1개를 넣어 스크램블을 하고 밥과 나시고랭소스 3큰술을 넣어 볶는다.
8. ⑦에 ⑥을 넣고 다시 볶다가 건새우, 완두콩, 쪽파, 고수를 넣고 가볍게 볶은 후 그릇에 담는다.
9. 남은 달걀 1개로 프라이를 만든 후 밥 위에 올려 낸다.

tip

나시고랭소스는 모든 재료를 넣고 믹서에 갈아 냉장고에서 숙성시킨 후 사용하면 더욱 좋은 풍미를 느낄 수 있다.

재료 및 분량(3인분)

바스마티 쌀 Basmati rice 2컵
건새우 Dried shrimp 30g
탈각 새우 Peeled shrimp 10마리
달걀 Egg 2개
대파 Leek 3대
당근 Carrot ¼개
표고버섯 Shiitake mushroom 3장
완두콩 Pea 15g
쪽파 Spring onion 3줄기
고수 Coriander 2줄기
식용유 Vegetable oil 3큰술

나시고랭소스

다진 양파 Chopped onion 500g
고춧가루 Red pepper powder 1큰술
혼다시 Hondashi 1큰술
피시소스 Fish sauce 1½컵
칠리페이스트 Chili paste 1컵
토마토케첩 Tomato ketchup 2½컵
다진 고수 Chopped coriander 2큰술

Vietnamese seafood fried rice

베트남식 해물 볶음밥

Com chien hai san
껌찌엔하이산

베트남에서는 밥을 껌이라고 한다.
껌찌엔은 볶음밥, 하이산은 해산물이라는 뜻이다.
베트남 어느 식당에서나 쉽게 주문할 수 있는 메뉴이다.

만드는 방법

1 안남미로 밥을 지어 미리 식혀 둔다.
2 오징어는 내장을 제거하고 링모양으로 썬 뒤 끓는 물에 살짝 데친다.
3 새우는 끓는 물에 살짝 데친 후 머리와 껍질을 제거한다.
4 파인애플은 작은 주사위 모양으로 썰고 마늘은 편 썬다.
5 숙주는 씻어서 준비하고 고추는 잘게 다진다.
6 센 불에 팬을 얹고 식용유를 두른 다음 마늘 편을 강하게 볶아 마늘 향 기름을 만든다.
7 ⑥에 다진 고추를 넣고 볶아 맵고 칼칼한 기름을 만든 뒤 밥을 넣고 밥이 다 풀어 질 때까지 볶는다.
8 오징어, 새우, 파인애플을 ⑦에 넣고 볶은 다음 쌀국수 볶음 소스, 피시소스, 미고랭소스를 넣어 간을 맞춘다.
9 ⑧에 숙주를 넣고 볶은 뒤 그릇에 담아낸다.

재료 및 분량(3인분)

안남미 Indica rice 2컵
오징어 Squid 1마리
새우 Shrimp 8마리
파인애플 Pineapple ⅛개(100g)
숙주 Bean sprouts 30g
베트남고추 Vietnamese chili 2개
마늘 Garlic 3톨
쌀국수 볶음 소스 Stir-fry sauce 2큰술
피시소스 Fish sauce 1큰술
미고랭소스 Mi goreng sauce 1큰술
식용유 Vegetable oil 3큰술

Filipino paella

필리핀식 파에야

Bringhe
브링헤

노란 강황 육수에 갖가지 채소와 육류를 곁들여 지은 쌀요리이다.
큰솥으로 한 번에 만들어 파는 축제 음식으로 오랫동안 필리핀인의
사랑을 받아온 음식이다.

만드는 방법

1. 생선뼈는 깨끗이 씻어 적당한 크기로 자르고 양파, 대파, 셀러리와 마늘은 3~4등분 하여 썰어 놓는다.
2. 냄비에 버터를 넣어 녹인 후 손질한 채소와 생선뼈를 넣고 중간 불에서 살짝 볶는다. 찬물 2.5ℓ를 붓고 통후추, 월계수 잎을 넣은 뒤 거품을 걷어내 가며 30분 정도 끓여 생선육수를 만들어 놓는다.
3. 마늘과 양파는 굵게 다진다(마늘은 편으로 썰어도 됨).
4. 당근과 홍파프리카, 청파프리카는 큰 주사위 모양으로 썬다.
5. 닭고기는 먹기 좋은 크기로 자른다,
6. 팬에 식용유를 두르고 마늘과 양파를 넣어 약불에서 살짝 볶은 다음 닭고기를 넣고 노릇해질 때까지 볶는다.
7. ⑥에 홍·청파프리카와 당근을 넣고 볶는다.
8. ⑦에 쌀을 넣어 쌀알이 투명해질 때까지 볶다가 생선육수, 코코넛밀크를 넣고 끓인다.
9. 소금, 후춧가루, 강황가루로 간을 맞춘 다음 뚜껑을 덮어 중불에서 약 15분 정도, 약불에서 약 5분 정도 익혀 완성한다.

tip

코코넛밀크의 느끼한 식감을 좋아하지 않으면 코코넛밀크의 비율을 줄이고 생선 육수를 늘려 강황의 매콤함을 즐길 수도 있다.

재료 및 분량(4인분)

안남미 Indica rice 2컵
생선 육수 Fish broth 1ℓ
닭고기 Chicken 500g
마늘 Garlic 5톨
양파 Onion 1개
홍파프리카 Red paprika ½개
청파프리카 Green paprika ½개
당근 Carrot ¼개
코코넛밀크 Coconut milk ¼컵
강황가루 Turmeric 2큰술
소금 Salt 1작은술
후춧가루 Black pepper 약간
식용유 Vegetable oil 3큰술

생선 육수

생선뼈 Fish bone 500g
양파 Onion ½개
대파 Leek 1대
마늘 Garlic 3톨
셀러리 Celery 1대
버터 Butter 1큰술
통후추 Whole black pepper 약간
월계수 잎 Bay leaves 1장
물 Water 2.5ℓ

Thai green curry

태국식 그린커리

Kaeng khiao wan
깽키여우완

달콤한 초록색 커리라는 뜻을 가진 태국식 커리로 풋새눈고추를 넣은
커리페이스트를 사용해 옅은 녹색을 띤다. 매콤하면서도 부드럽고 달콤하다.

만드는 방법

1 안남미로 밥을 지어 식힌다.
2 닭가슴살을 먹기 좋게 잘라 진간장, 소금, 후춧가루,
   다진 마늘을 넣어 만든 양념장에 약 10분 정도 잰다.
3 팬에 식용유를 약간 두르고 닭고기를 넣어 노릇하게 굽는다.
4 다른 팬에 그린커리페이스트와 다진 파, 마늘, 생강을 넣고
   살짝 볶아 향을 낸 다음 노릇하게 구운 닭고기를 넣어 볶는다.
5 ④에 코코넛밀크, 피시소스, 간장, 설탕을 넣고
   약 5~6분 정도 끓인다.
6 그릇에 커리를 담고 고수 잎을 다져 올린다.

재료 및 분량(3인분)

안남미 Indica rice 2컵
닭가슴살 Chicken breast 500g
그린커리페이스트 Green curry paste 2큰술
다진 파 Chopped green onion 2큰술
다진 마늘 Minced garlic 2작은술
다진 생강 Chopped ginger 1작은술
코코넛밀크 Coconut milk 2컵
피시소스 Fish sauce 1큰술
진간장 Soy sauce ½큰술
설탕 Sugar 2큰술
고수 Coriander 2줄기
식용유 Vegetable oil 3큰술

양념장(닭고기 밑간)

진간장 Soy sauce 1큰술
다진 마늘 Minced garlic 1작은술
소금 Salt 약간
후춧가루 Black pepper 약간

Thai pork rice bowl

태국식 돼지고기 덮밥

Pad krapow moo sab
팟카파오무쌉

바질을 넣어 만든 다진 돼지고기 볶음을 밥과 함께 먹는 음식으로
카파오는 태국어로 바질을 의미한다.
꽤 매콤하며 우리 입맛에 잘 맞아 맛있게 먹을 수 있다.

만드는 방법

1. 안남미 쌀로 밥을 지어 식힌다.
2. 팬에 식용유를 두르고 다진 파, 다진 마늘, 다진 고추를 넣어 약한 불에서 향을 낸다.
3. 다진 돼지고기를 ②에 넣고 센 불에 볶는다.
4. 굴소스, 피시소스, 설탕으로 간을 맞춘다.
5. 그릇에 밥을 담고 ④와 타이바질을 곁들여 낸다.

tip

가금류, 해물 등을 넣어 덮밥을 만들 수도 있다.

재료 및 분량(3인분)

안남미 Indica rice 2컵
다진 돼지고기 Minced pork 200g
다진 마늘 Minced garlic 1큰술
다진 파 Leek 1큰술
다진 태국고추 Thai chili 1큰술
굴소스 Oyster sauce 2큰술
피시소스 Fish sauce 1큰술
설탕 Sugar ½큰술
타이바질 Thai basil 약간
식용유 Vegetable oil 2큰술

2 3 4

Thai pork feet bowl

태국식 족발 덮밥

— ***Khao kha moo***
카오카무

다양한 향신료를 넣은 양념에 돼지족발을 넣고 뭉근히 끓여낸 다음
밥에 곁들여 먹는 태국식 덮밥이다. 짭짤하면서도 달콤하며 식감은 매우 부드럽다.

만드는 방법

1 안남미로 밥을 지어 식힌다.
2 족발은 미리 흐르는 물에 담가 핏물을 뺀 다음 한 번 삶아
  찬물에 깨끗이 씻어 잡물을 제거한다.
3 소스 재료를 모두 섞어 족발 소스를 만든다.
4 냄비에 족발과 채소 육수, 족발 소스를 넣고
  족발이 흐물흐물해질 때까지 약 2시간 정도 끓인다
5 ④에 삼겹살을 넣어 약 40분 정도 더 끓인다.
6 삶은 달걀은 껍질을 제거하고 요리가 완성되기 약 20분 전에
  넣어 살짝 졸인다.
7 삼겹살과 달걀은 익으면 먼저 건져 썰어 두었다가
  요리가 완성되면 족발과 함께 담아낸다.

tip
- 쏨땀, 피시소스와 곁들여 먹으면 더욱 맛있다.
- 청경채, 공심채, 배추 등을 족발 소스에 살짝 데쳐서 같이 내도 좋다.

재료 및 분량(2인분)

안남미 Indica rice 2컵
족발 Pork trotters 1개
삼겹살 Pork belly 500g
삶은 달걀 Boiled egg 1개
채소 육수 Vegetable broth 2ℓ

족발 소스

골든마운틴소스 ½컵
Golden Mountain sauce
굴소스 Oyster sauce ½컵
통계피 Whole cinnamon 15g
마늘 Garlic 10톨
레몬그라스 Lemongrass 1대
통후추 Whole black pepper 1큰술
산초 Brown pepper 약간
설탕 Sugar 200g
고수뿌리 Coriander root 3뿌리
정종 Refined rice wine sake ½컵
갈랑갈 Galangal 2톨
대파 Leek 2대
양파 Onion 1개

Filipino chicken porridge

필리핀식 닭고기죽

Arroz caldo
아로즈칼도

아로즈칼도는 스페인어로 쌀 수프라는 뜻으로 필리핀의 닭고기를 이용한 죽 형태의 요리이다. 추운 날이나 비오는 날, 몸이 안 좋을 때 아침밥으로 먹는다.

만드는 방법

1. 닭다리살은 주사위 모양으로 자른다.
2. 샬롯은 채 썰고, 마늘 2개는 편 썰어 175℃ 기름에 노릇하게 튀긴다.
3. 쪽파는 송송 썰어 놓는다.
4. 양파와 나머지 마늘 2개는 다지고 생강은 채 썰어 식용유를 두른 팬에 약불로 볶는다.
5. ④에 닭다리살을 넣고 노릇하게 볶다가 쌀을 넣고 살짝 코팅될 때까지 볶는다.
6. 닭고기 육수를 넣고 약한 불에서 약 20분 정도 농도를 보며 졸인다.
7. 소금, 피시소스, 후춧가루로 간을 맞춘다.
8. 송송 썬 쪽파, 튀긴 마늘, 튀긴 샬롯을 토핑으로 올려낸다.

tip

인도네시아에도 아로즈칼도와 비슷한 부부르라는 쌀죽이 있는데 그 중 부부르아얌이라는 닭고기를 넣은 쌀죽이 인기가 많다고 한다.

재료 및 분량(3인분)

안남미 Indica rice ½컵
닭다리살 Chicken thigh 400g
닭고기 육수 Chicken broth 1ℓ
생강 Ginger 1톨
마늘 Garlic 4톨
양파 Onion ½개
쪽파 Spring onion 3줄기
샬롯 Shallot 1개
피시소스 Fish sauce 1큰술
소금 Salt 약간
후춧가루 Black pepper 약간
식용유 Vegetable oil ½컵

Vietnamese fish porridge

베트남식 생선죽

Chao ca
짜오까

소화도 잘 되고 맛과 영양이 풍부한 베트남식 생선죽이다.
짜오까에 들어가는 생선은 까록으로 우리나라 가물치류의 생선이다.

만드는 방법

1. 생선은 내장을 제거한 후 포를 떠서 살과 뼈를 분리한다.
2. 생선뼈는 물, 양파, 대파, 마늘을 넣고 끓인 뒤 체에 밭쳐 생선 육수를 만든다.
3. 안남미와 찹쌀은 깨끗이 씻어서 체에 밭쳐 물기를 뺀다.
4. 샬롯 1개는 채 썰고 2개는 굵게 다진다. 생강은 강판에 갈아서 즙을 내고 마늘은 굵게 다진다. 고수와 차이브는 잎만 떼어 준비한다.
5. 생선살은 채 썬 샬롯, 생강즙, 피시소스 2큰술과 후춧가루 약간으로 버무려 약 20분 정도 재어둔다.
6. 숙성된 생선은 팬에 식용유를 두르고 노릇하게 굽는다.
7. 다진 샬롯과 다진 마늘은 식용유를 두른 팬에 넣고 약한 불에서 볶은 다음 쌀을 넣어 살짝 코팅될 때까지 다시 볶는다.
8. 7에 생선 육수를 넣고 저어가면서 끓인 뒤 소금으로 간을 맞춘다.
9. 그릇에 죽을 넣고 구운 생선을 올린 뒤 차이브와 고수로 장식한다.

tip

- 짜오가(닭죽), 짜오하이산(해물죽), 짜오꾸어(게살죽) 등 다양한 죽요리에 응용할 수 있다.
- 생선은 가물치, 우럭, 농어 등 구하기 쉬운 것으로 사용한다.
- 토핑으로 샬롯 튀김, 참기름, 깨 등을 올려도 좋다.

재료 및 분량(3인분)

안남미 Indica rice ½컵
찹쌀 Glutinous rice ½컵
생선 Fish 500g
샬롯 Shallot 3개
생강 Ginger 1톨
피시소스 Fish sauce 2큰술
마늘 Garlic 2톨
차이브 Chive 2g
고수 Coriander 3줄기
소금 Salt 약간
후춧가루 Black pepper 약간
식용유 Vegetable oil 2큰술

생선 육수

생선뼈 Fish bone 1개
양파 Onion ½개
대파 Leek 1대
마늘 Garlic 3톨
물 Water 2ℓ

Vietnamese rice cake

베트남식 떡

—— *Banh beo*
반베오

쌀가루와 타피오카 전분을 섞어 만든 반죽을 작은 종지에 담아 쪄낸 후 새우와 돼지고기 등을 올려 먹는 베트남 중부 지방의 전통음식이다. 길거리 음식으로도 유명하다.

만드는 방법

1. 쌀가루, 타피오카 전분, 물을 볼에 넣어 잘 섞은 다음 소금 약간과 식용유 1큰술을 넣고 섞는다.
2. 반베오 종지에 식용유를 살짝 바르고 ②의 반죽을 ⅔쯤 채운 후 찜솥에 앉혀 약 10분 정도 찐다.
3. 베트남고추는 굵게 다지고 나머지 재료는 분량대로 섞어 디핑 소스를 만든다.
4. 샬롯 ½은 채 썰고 ½은 다진다. 마늘도 굵게 다지고 쪽파는 송송 썰어준다.
5. 채 썬 샬롯은 175℃의 기름에서 노릇하게 튀긴다.
6. 새우는 소금을 약간 넣은 끓은 물에 익힌 뒤 식으면 껍질을 제거하고 새우살만 굵게 다진다.
7. 다진 돼지고기는 약간의 소금과 후춧가루로 밑간한다.
8. 팬에 식용유를 두르고 다진 샬롯과 마늘을 넣고 볶다가 다진 돼지고기를 넣어 볶는다. 돼지고기가 익으면 반베오 반죽 1큰술을 넣어 농도를 걸쭉하게 맞춘다.
9. ②에 다진 새우와 볶은 돼지고기를 올린다.
10. 튀긴 샬롯과 쪽파를 곁들인 후 소스와 함께 낸다.

재료 및 분량(3인분)

쌀가루 Rice flour 100g
타피오카 전분 Tapioca starch 15g
물 Water 50㎖
다진 돼지고기 Ground pork 200g
새우 Shrimp 400g
식용유 Vegetable oil 1큰술
샬롯 Shallot 1개
마늘 Garlic 3톨
쪽파 Spring onion 2줄기
소금 Salt 약간
후춧가루 Black pepper 약간

디핑 소스

설탕 Sugar 3작은술
식초 Vinegar 2작은술
피시소스 Fish sauce 3작은술
새우스톡 Shrimp stock ½컵
베트남고추 Vietnamese chili 약간

1

2-1

2-2

Vietnamese steamed dumplings

베트남식 찐만두

—— **Banh bot loc**
반봇록

타피오카 전분으로 만든 쫀득한 피에 새우 소를 넣고 바나나 잎에 쪄낸 베트남식 만두이다. 새우와 돼지고기를 함께 넣어 소를 만들기도 하고 바나나 잎으로 싸 풍미를 더하기도 한다.

만드는 방법

1. 타피오카 전분에 미지근한 물을 넣어 익반죽한다.
2. 생새우 살은 끓는 물에 살짝 데친 뒤 다진 마늘, 소금, 후춧가루로 밑간한다.
3. 타피오카 반죽을 조금씩 떼어 가운데 새우를 넣고 반달모양으로 접어 만두를 빚는다.
4. 찜솥에 바나나 잎을 깔고 ③을 올린 뒤 바나나 잎으로 덮어 약 10~15분 정도 찐다.
5. 청·홍고추는 굵게 다지고, 쪽파는 송송 썬 다음 피시소스와 간장, 설탕을 섞어 간장소스를 만든다.
6. 그릇에 바나나 잎을 깔고 완성된 반 봇 롯을 올려 간장소스와 함께 낸다.

재료 및 분량(4인분)

타피오카 전분 Tapioca starch 300g
생새우살(알새우) Shrimp 20마리
다진 마늘 Minced garlic 1큰술
바나나 잎 Banana leaves 1장
소금 Salt 1작은술
후춧가루 Black pepper 약간

간장소스

간장 Soy sauce 2큰술
피시소스 Fish sauce 2작은술
설탕 Sugar 1큰술
홍고추 Red chili ¼개
청고추 Green chili ¼개
쪽파 Spring onion 3줄

쉽고 맛있는 동남아 요리

여주 새우 샐러드 *Bitter melon and shrimp salad*

오이 파인애플 샐러드 *Cucumber and pineapple salad*

그린빈 토마토 샐러드 *Green bean and tomato salad*

파파야 샐러드 *Papaya salad*

해산물 샐러드 *Seafood salad*

닭고기 양배추 샐러드 *Chicken and cabbage salad*

모닝글로리 소고기 샐러드 *Morning glory and beef salad*

바나나블라썸 샐러드 *Banana blossom salad*

새우 가지 구이 *Grilled shrimp with eggplant*

모닝글로리 볶음 *Morning glory stir-fried with garlic*

태국식 채소 볶음 *Thai mixed vegetable stir-fried*

recipes
05

VEGETABLE
채소요리

Bitter melon and shrimp salad

여주 새우 샐러드

Nom tom muop dang
놈톰무옵당

몸에 좋은 여주와 새우, 각종 채소와 허브에 피시소스를 넣고 만든 새콤달콤한 샐러드이다. 여주는 쓴맛을 제거하고 차가운 물에 담가 아삭한 식감을 즐길 수 있도록 한다.

만드는 방법

1. 여주는 깨끗이 씻고 반으로 갈라 가운데 씨를 파낸 뒤 얇게 썰고 무와 당근, 양파는 채 썬다.
2. 소금물에 여주, 무, 당근, 양파를 살짝 절인 후 찬물에 약 15분 정도 담갔다가 체에 받쳐 물기를 제거한다.
3. 새우는 끓는 물에 데친 후 껍질을 벗기고 반으로 갈라 준비한다.
4. 분량의 재료를 넣고 샐러드 소스를 만든다.
5. 볼에 여주, 무, 당근, 새우, 다진 민트, 다진 고수, 소스를 넣어 골고루 섞은 뒤 그릇에 담고 볶은 땅콩을 뿌려 낸다.

재료 및 분량(3~4인분)

여주 Bitter melon 1개
당근 Carrot ¼개
무 Radish ⅛개
양파 Onion ½개
새우 Shrimp 10마리
다진 민트 Chopped mint 1큰술
다진 고수 Chopped coriander ½큰술
고수 잎 Coriander leaves ½큰술
볶은 땅콩 Roasted peanut 1큰술

샐러드 소스

피시소스 Fish sauce 1큰술
물 Water 2½큰술
설탕 Sugar 1큰술
레몬즙 Lemon juice ½큰술
다진 태국고추 Chopped Thai chili 1큰술

Cucumber and pineapple salad

오이 파인애플 샐러드

아삭한 오이와 달콤한 파인애플에 새콤달콤한 소스를 넣어 버무린 베트남풍 샐러드이다. 오이와 파인애플, 허브의 조합이 입안에 상큼함이 선사한다.

Nom dua dua chuot
놈두어두어추옷

만드는 방법

1. 오이는 깨끗이 씻은 후 어슷하게 썬다.
2. 파인애플은 오이와 비슷한 크기로 썬다.
3. 태국고추는 길게 채 썰거나 다진다.
4. 고수, 민트와 땅콩은 굵게 다진다.
5. 샐러드 소스 재료를 분량대로 섞어 소스를 만든다.
6. 볼에 오이, 파인애플, 소스를 넣고 골고루 섞은 다음 약 10분 정도 소스가 배도록 재어 둔다.
7. ⑥에 고수와 민트, 태국고추를 넣고 섞은 뒤 다진 땅콩을 뿌려 낸다.

재료 및 분량(3~4인분)

오이 Cucumber 1개
파인애플 Pineapple ½개
태국고추 Thai chili 1개
고수 Coriander 약간
민트 Mint 약간
다진 땅콩 Chopped peanut 약간

샐러드 소스

사과식초 Apple cider vinegar 2큰술
레몬즙 Lemon juice 1큰술
다진 마늘 Minced garlic 1큰술
설탕 Sugar 1큰술
피시소스 Fish sauce 1큰술

Green bean and tomato salad

그린빈 토마토 샐러드

Salad dau ve ca chua
더우베까츄어 샐러드

그린빈, 방울토마토. 연하고 아삭한 그린빈과 붉은 색 방울토마토에 동남아풍 소스로 간을 맞춘 샐러드이다. 대파를 토핑으로 얹는 게 이채롭다.

재료 및 분량(3~4인분)

그린빈 Green bean 400g
방울토마토 Cherry tomato 10개
홍피망 Red bell pepper 1개
다진 고수 Chopped coriander 1작은술
다진 바질 Chopped basil 1작은술
다진 민트 Chopped mint 1작은술
다진 땅콩 Chopped peanut 1큰술
대파 Leek 1대
레몬 Lemon 1개
오크라 Okra 2개

샐러드 소스

레몬즙 Lemon juice 2큰술
간장 Soy sauce 3큰술
피시소스 Fish sauce 1½작은술
다진 마늘 Minced garlic ½작은술
식초 Vinegar 1큰술
황설탕 Brown sugar 1작은술
스리라차소스 Sriracha sauce 약간

만드는 방법

1. 그린빈은 끓는 물에 부드럽게 휘어질 때까지 삶은 후 찬물에 헹궈 물기를 제거하고 4㎝길이로 자른다.
2. 방울토마토는 반으로 잘라 둔다.
3. 홍피망은 반으로 잘라 씨를 제거한 뒤 가늘게 채 썬다.
4. 대파는 가늘게 채 썰고 오크라는 송송 썰어 준비한다.
5. 레몬은 깨끗이 씻은 뒤 껍질은 제스터를 이용해 갈고, 나머지 과육은 즙을 내 소스에 사용한다.
6. 레몬즙과 나머지 소스 재료를 분량대로 넣어 소스를 만든다.
7. 볼에 그린빈, 방울토마토, 홍피망, 다진 고수, 바질, 민트, 오크라를 넣고 소스를 골고루 섞은 후 약 30분 정도 맛과 향이 배도록 재운다.
8. 그릇에 ⑦을 담고 다진 땅콩과 채 썬 대파, 레몬제스트를 뿌려 담아낸다.

Papaya salad

파파야 샐러드

Som tam
쏨땀

덜 익은 그린파파야로 만드는 태국식 샐러드로 쏨땀타이라고도 한다.
매콤한 맛, 새콤한 맛, 짭짤한 맛, 달콤한 맛 등 다양한 맛의 조합이 특징이다.

만드는 방법

1 절구에 태국고추, 마늘과 마른 새우를 넣어 빻은 후 피시소스, 설탕, 라임즙을 넣고 섞어 소스를 만든다.
2 파파야는 껍질을 벗긴 후 채칼을 이용해 채 썬다.
3 당근도 파파야와 같은 방법으로 채 썬다.
4 방울토마토는 반으로 잘라 준비한다.
5 그린빈은 끓는 물에 데친 후 찬물에 헹궈 4㎝ 길이로 자른다.
6 볼에 준비한 채소와 다진 땅콩을 넣은 뒤 준비한 소스를 부어 섞는다.

재료 및 분량(3~4인분)

그린파파야 Green papaya 1개
당근 Carrot ½개
그린빈 Green bean 2줄
방울토마토 Cherry tomato 10개
다진 땅콩 Chopped peanut 약간

샐러드 소스

피시소스 Fish sauce 2큰술
설탕 Sugar 1큰술
라임즙 Lime juice 2큰술
태국고추 Thai chili 3개
마늘 Garlic 3톨
마른 새우 Dried shrimp 10g

Seafood salad

해산물 샐러드

―――― ***Yum woon sen***
얌운센

얌운센은 녹두로 만든 당면과 여러 가지 해산물이 들어간 태국식 샐러드로 대중적으로 인기 있는 태국 요리이다. 얌은 태국어로 샐러드 또는 무침을, 운센은 가늘고 얇은 당면을 뜻한다.

만드는 방법

1 운센은 물에 약 20분간 불렸다가 끓는 물에 살짝 데쳐 찬물에 헹군 다음 물기를 빼 5㎝ 길이로 자른다.
2 새우는 꼬리 부분만 남기고 머리와 껍질을 제거한 다음 꼬치로 새우 등 쪽 내장을 빼고 칼집을 넣어 넓게 펼친다.
3 오징어는 껍질을 벗기고 몸통에 사선으로 칼집을 넣은 다음 방향을 바꿔 다시 사선으로 칼집을 넣은 뒤 너비 1㎝로 썬다.
4 패주는 내장을 제거하고 얇은 막을 벗겨 낸 다음 흐르는 물에 씻어 얇게 저민다.
5 손질한 해산물은 끓는 물에 데친 후 식힌다.
6 홍고추는 송송 썰어서 씨를 털어 낸다.
7 홍파프리카는 반을 갈라 씨를 빼고 4㎝ 길이로 채 썬다.
8 자색 양파도 파프리카와 같은 길이로 채 썬다.
9 분량대로 칠리소스, 레몬즙, 피시소스, 설탕, 다진 마늘을 섞어 소스를 만든다.
10 준비한 해산물, 채소, 운센에 소스를 적당히 섞어 그릇에 담고 바질을 올려 장식한다.

재료 및 분량(3~4인분)

운센 녹두 당면 Woon sen 60g
새우 Shrimp 4마리
오징어(작은 것) Squid ½마리
패주 Scallop 2개
홍고추 Red chili ½개
홍파프리카 Red paprika 1개
바질 Basil 약간
자색 양파 Red onion ¼개

샐러드 소스

칠리소스 Chili sauce 1큰술
레몬즙 Lemon juice 2½큰술
피시소스 Fish sauce 2큰술
설탕 Sugar 2큰술
다진 마늘 Minced garlic 1작은술

Chicken and cabbage salad

닭고기 양배추 샐러드

Nom ga bap cai
놈가밥까이

담백한 닭고기와 양배추가 듬뿍 들어간 샐러드로
매운맛, 단맛, 짠맛, 신맛을 골고루 느낄 수 있는 샐러드이다.

만드는 방법

1. 닭은 깨끗이 씻은 후 냄비에 닭이 잠길 정도의 물을 붓고 생강과 함께 센 불에서 익을 때까지 삶는다.
2. 닭이 익으면 건져서 식힌 후 닭고기를 손으로 가늘게 찢어 둔다.
3. 양배추는 굵은 섬유질을 제거하고 곱게 채 썬다.
4. 양파도 곱게 채 썬 다음 찬물에 담가 매운맛을 제거하고 물기를 뺀다.
5. 대파는 5~6cm 길이로 길게 채 썰어 찬물에 담갔다가 건진다.
6. 채 썬 양배추와 양파에 식초 2큰술, 설탕 1큰술와 소금 ½큰술을 넣어 살짝 절인 후 물기를 뺀다.
7. 굵게 다진 마늘, 고추와 나머지 소스 재료를 섞어 소스를 만든다.
8. 볼에 양배추, 양파, 대파, 닭고기를 넣어 잘 섞은 후 그릇에 담고 샐러드 소스를 뿌린 다음 다진 땅콩과 고수 잎을 뿌린다.

재료 및 분량(3~4인분)

닭 Chicken ½마리(600g)
생강 Ginger 1톨
물 Water 2ℓ
적양파 Onion ½개
양배추 Cabbage ¼개
식초 Vinegar 2큰술
설탕 Sugar 1큰술
소금 Salt ½큰술
대파 Leek 1대
다진 땅콩 Chopped peanut 약간
고수 Coriander 약간

샐러드 소스

베트남고추 Thai chili 2개
마늘 Garlic 5쪽
레몬즙 Lemon juice 2큰술
피시소스 Fish sauce 3큰술
설탕 Sugar 2½큰술

Morning glory and beef salad

모닝글로리 소고기 샐러드

Nom rau muong thit bo
놈라우무엉띠보

길고 일정한 굵기로 채 썬 모닝글로리와 볶은 소고기를 소스에 버무린 요리이다.
모닝글로리는 공심채를 가르키는 말로 베트남어로는 라우무엉이라고 한다.

만드는 방법

1. 소고기는 핏물을 제거한 뒤 소고기 양념에 30분 정도 재운 다음 식용유를 두른 팬에 볶는다.
2. 모닝글로리는 잎을 다듬고 줄기는 가늘고 길게 채 썰어 레몬즙을 짠 찬물에 약 10분간 담근 뒤 건져 물기를 제거한다.
3. 분량의 재료를 넣고 샐러드 소스를 만든다.
4. 그릇에 모닝글로리와 볶은 소고기를 담고 샐러드 소스를 뿌린다.

재료 및 분량(3~4인분)

소고기(불고기용) Beef 150g
모닝글로리 Morning glory 200g
레몬 Lemon 1개
식용유 Vegetable oil 약간

소고기 양념

피시소스 Fish sauce ½큰술
간장 Soy sauce ½큰술
설탕 Sugar ½큰술
다진 마늘 Minced garlic ½큰술
후춧가루 Black pepper 약간

샐러드 소스

간장 Soy sauce 1큰술
레몬즙 Lemon juice 1큰술
설탕 Sugar ½큰술
피시소스 Fish sauce 1작은 술

tip

베트남에서는 자오쩨라우무엉(Dao Che Rau Muong)이라고 하는 채칼을 이용하여 모닝글로리를 일정한 굵기로 잘라 사용한다.

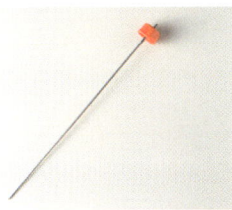

Banana blossom salad

바나나블라썸 샐러드

Nom hoa chuoi
놈호아추오이

태국에서 주로 먹으며 가늘게 채 썬 바나나블라썸과 여러 가지 채소에
코코넛크림소스를 섞어 만든 샐러드이다. 바나나 꽃잎에 내는 플레이팅이 재미있다.

만드는 방법

1. 바나나블라썸은 가늘게 채 썬 후 라임을 짠 물에 약 20분간 담갔다가 꼭 짜준다.
2. 양파는 곱게 채 썰어 ½은 기름에 노릇하게 튀기고 ⅓는 찬물에 담가 매운맛을 뺀 뒤 건져서 물기를 제거한다.
3. 당근은 곱게 채 썰고 느타리버섯은 끓은 물에 데친 다음 길게 찢는다
4. 마늘은 얇게 편으로 썰고 고수는 굵게 다진다.
5. 볼에 분량대로 재료를 넣고 섞어 소스를 만든다.
6. 샐러드 소스에 바나나블라썸, 튀긴 양파, 채 썬 양파, 당근, 버섯, 마늘과 고수를 넣고 고루 섞어서 바나나블라썸 큰 잎 또는 그릇에 담아낸다.

재료 및 분량(3~4인분)

바나나블라썸 Banana blossom 2개
적양파 Onion 1개
당근 Carrot ½개
느타리버섯 Oyster mushroom 10송이
마늘 Garlic 3쪽
고수 Coriander 2큰술
라임 Lime 1개

샐러드 소스

코코넛밀크 Coconut milk ½컵
간장 Soy sauce 1큰술
칠리페이스트 Chili paste 1큰술
커리페이스트 Curry paste 1큰술
로스티드코코넛미트 1큰술
Roasted coconut meat

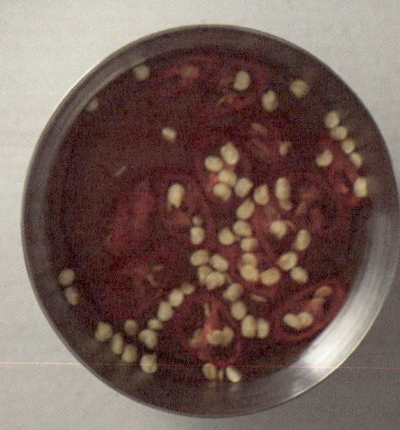

Grilled shrimp with eggplant

새우 가지 구이

오븐 또는 석쇠에 구운 가지 위에 양념하여 구운 새우를 얹고 매콤새콤한 피시소스를 곁들인 요리이다.

Ca tim nuong tom
카팀느엉톰

만드는 방법

1. 가지는 통으로 준비하여 포크나 이쑤시개로 여러 번 찌른다.
2. 200℃로 예열한 오븐에 약 20분 정도 굽거나 또는 석쇠에 올려서 직화로 숨이 죽을 때까지 굽는다.
3. 구운 가지의 윗부분 껍질을 벗기고 넓게 펴준다.
4. 새우는 내장과 껍질을 제거하고 4~5등분하여 피시소스, 다진 마늘, 후춧가루로 밑간을 한다.
5. 태국고추는 굵게 다지고 쪽파는 송송 썬다.
6. 팬에 식용유를 두르고 태국고추와 쪽파를 넣고 볶은 후 꺼낸다.
7. 밑간한 새우를 익을 때까지 볶는다.
8. 넓게 편 가지 위에 새우를 올리고 볶은 태국고추, 쪽파, 다진 땅콩을 뿌린다.
9. 소스를 만든 후 새우 가지 구이에 곁들인다.

재료 및 분량(3~4인분)

새우(중하) Shrimp 15마리
가지 Eggplant 3개
태국고추 Thai chili 2개
쪽파 Spring onion 10줄
다진 땅콩 Chopped peanut 약간
식용유 Vegetable oil 3큰술

새우 양념

피시소스 Fish sauce 1큰술
다진 마늘 Minced garlic 2작은술
후춧가루 Black pepper 약간

소스

피시소스 Fish sauce 2큰술
설탕 Sugar ½큰술
라임즙 Lime juice 2큰술
태국고추 Thai chili 1개

3

4

Morning glory stir-fried with garlic

모닝글로리 볶음

— *Rau muong xao toi*
라우무엉사오토이

모닝글로리(공심채)를 마늘과 함께 볶아낸 동남아시아 대표 음식으로 만들기도 쉽고 맛도 좋아 집에서 밥반찬으로 즐길 수 있다. 부드럽고 아삭한 식감이 특징이다.

만드는 방법

1. 모닝글로리는 깨끗이 씻어서 10㎝길이로 썬다.
2. 마늘은 굵게 다지고 베트남고추는 다지거나 채 썬다.
3. 분량의 재료를 넣고 소스를 만든다.
4. 팬에 식용유를 두르고 마늘과 고추를 넣어 볶다가 향이 나면 모닝글로리와 소스를 넣고 센 불에서 볶은 후 그릇에 담아낸다.

재료 및 분량(3~4인분)

모닝글로리 Morning glory 300g
식용유 Vegetable oil 2큰술
마늘 Garlic 6쪽
베트남고추 Vietnamese chili 2개

소스

간장 Soy sauce 1큰술
굴소스 Oyster sauce 1큰술
설탕 Sugar ½작은술
후춧가루 Black pepper 약간

Thai mixed vegetable stir-fried

태국식 채소 볶음

Pad pak
팟팍

갖은 채소와 튀긴 두부에 굴소스를 넣고 센 불에 볶아 만든 태국음식이다.
보통은 밥과 함께 먹으며 취향에 따라 고기 등을 넣을 수도 있다.

재료 및 분량(3~4인분)

양배추 Cabbage 100g
당근 Carrot ½개
브로콜리 Brocoli 100g
그린빈 Green bean 3줄
표고버섯 Shiitake mushroom 3장
다진 마늘 Minced garlic 1큰술
다진 태국고추 Chopped Thai chili 1작은술
식용유 Vegetable oil 2큰술

튀긴 두부
두부 Tofu ½모
소금 Salt 약간
전분 Starch 3큰술
식용유 Vegetable oil 200㎖

소스
굴소스 Oyster sauce 2큰술
간장 Soy sauce 1큰술
골든마운틴소스 2작은술
Golden Mountain sauce
설탕 Sugar 1작은술
물 Water 약간

만드는 방법

1. 양배추, 당근, 브로콜리, 그린빈과 표고버섯은 한입 크기로 썬다.
2. 두부는 손가락 굵기와 길이로 자른 뒤 약간의 소금을 뿌려 물기를 뺀다.
3. 물기를 뺀 두부는 전분을 입혀서 180℃의 기름에 노릇해질 때까지 튀긴다.
4. 분량의 소스 재료를 섞어 소스를 만든다.
5. 팬에 기름을 두르고 굵게 다진 마늘과 고추를 넣고 볶다가 향이 나면 준비한 채소와 튀긴 두부, 소스를 넣고 채소가 익을 때까지 볶아 그릇에 담아낸다.

쉽고 맛있는 동남아 요리

코코넛밀크와 해산물을 넣은 생선 찜 *Steamed fish & seafood cake with coconut milk*
태국 동부지방식 참치 무침 *Eastern Thai style tuna salad*
새우와 파인애플을 넣은 커리 *Braised prawn and pineapple curry soup*
새우를 넣은 똠얌 수프 *Hot and sour soup of prawn*
매콤한 어묵 튀김 *Deep fried spicy fish ball*
매콤달콤한 칠리소스를 곁들인 게살 튀김 *Deep fried crab cake with sam rot spicy sauce*
통 농어 튀김 *Whole deep fried sea bass*
태국식 오징어 볶음 *Thai stir-fried squid*
태국식 고추장으로 맛을 낸 새우 볶음 *Stir-fried prawn with Thai chilli paste*
꽃게 커리 볶음 *Stir-fried blue crab curry*

recipes

06

SEA FOOD

해산물요리

Steamed fish & seafood cake with coconut milk

코코넛밀크와 해산물을 넣은 생선 찜

—— *Hor mok talay*
허목탈레

허목탈레는 생선과 해산물, 코코넛밀크를 넣고 찐 요리로 특히 테이크아웃 식사를 제공하는 델리에서 많이 판매된다. 조리 방법이 간단하므로 간식으로도 매우 좋다.

재료 및 분량(4인분)

다진 흰살 생선 Minced white fish 160g
달걀 Egg 5개
새우(중하) Shrimp 5마리
오징어(작은 것) Squid ½마리
홍합 Mussel 5개
물 Water ½컵
레드커리페이스트 Red curry paste 3큰술
코코넛밀크 Coconut milk ½컵
홍파프리카 Red paprika ¼개
설탕 Sugar 1큰술
피시소스 Fish sauce 1작은술
흰 후춧가루 White pepper 약간

만드는 방법

1. 볼에 코코넛밀크, 피시소스, 레드커리페이스트와 다진 흰 살 생선을 넣고 잘 섞는다.
2. 새우, 오징어, 홍합을 손질해 다진 뒤 ①에 넣는다.
3. 달걀, 흰 후춧가루, 설탕, 물 ½컵을 넣는다.
4. 모든 재료가 골고루 섞이게 저어준 후 약 20분 정도 재어 둔다.
5. 그릇에 ④을 담은 후 찜통에 약 15분 정도 찐다.
6. 완성된 생선 찜 위에 채 썬 파프리카를 얹어 장식한다.

1

3

5

Eastern Thai style tuna salad

태국 동부지방식 참치 무침

Koi pla tuna
꺼이쁠라튜나

참치 등살에 칠리파우더와 구운 쌀가루, 채소들을 넣어 매콤하면서도 고소하고 신선한 샐러드의 맛을 즐길 수 있다.

만드는 방법

1. 피시소스, 국간장, 설탕, 라임즙을 한 곳에 모두 넣은 뒤 설탕이 녹을 때까지 저어 시즈닝 소스를 만든다.
2. 참치는 한입 크기로 썬다.
3. 샬롯은 채 썰어 팬에 식용유를 약간 두르고 살짝 볶는다.
4. 쪽파는 송송 썰고 파슬리는 잎만 굵게 다진다.
   오이는 어슷하게 썰고 롱빈은 3cm정도로 짧게 자른다.
   양상추는 한입 크기로 뜯어 놓는다.
5. 볼에 참치, 볶은 샬롯, 쪽파, 오이, 롱빈, 양상추, 파슬리, 칠리파우더와 시즈닝 소스를 넣고 살살 버무린다.
6. 프라이팬을 약불에 올린 뒤 쌀을 넣고 살살 돌려가며 갈색이 날 때까지 볶는다.
7. 버무린 샐러드를 그릇에 보기 좋게 담은 후 볶은 쌀을 곁들여 낸다.

재료 및 분량(4인분)

참치등살 Tuna loin 300g
칠리파우더 Chili powder 1큰술
쌀 Rice 2큰술
샬롯 Shallot 3개
파슬리 Parsley 2줄기
쪽파 Spring onion 3줄기
양상추 Lettuce ½개
롱빈 Yardlong bean 10줄
오이 Cucumber ½개
식용유 Vegetable oil 약간

시즈닝 소스

피시소스 Fish sauce 4큰술
국간장 Soy sauce 1큰술
흰설탕 Sugar 1큰술
라임즙 Lime juice 1큰술

Braised prawn and pineapple curry soup

새우와 파인애플을 넣은 커리

Gaeng khua goong sapparod
깽쿠아꿍쌉바롣

새우와 파인애플을 넣은 태국식 커리로 적당하게 익은 파인애플을 사용하는 것이 좋다. 매운 고추로 맵기 정도를 조절하고 취향에 따라 새우 대신 육류를 넣을 수도 있다.

만드는 방법

1 태국고추, 마늘, 샬롯, 갈랑갈, 레몬그라스, 말린 캐퍼라임 잎, 꽃소금, 구운 캐슈넛을 믹서에 곱게 간 다음 기름이 분리되어 나올 때까지 중불로 팬에 볶는다.
2 ①에 코코넛밀크, 팜 설탕, 물 2컵을 넣고 끓인다.
3 ②가 끓기 시작하면 캐퍼라임 잎, 한입 크기로 자른 파인애플, 껍질 벗긴 새우를 넣고 새우가 익을 때까지 약 5분 정도 더 끓인다.
4 피시소스로 간을 맞춘 후 그릇에 담아낸다.

재료 및 분량(2인분)

타이거 새우(대하) Tiger prawn 4마리
코코넛밀크 Coconut milk 250㎖
한입 크기로 자른 파인애플 Pineapple ¼개
말린 캐퍼라임 잎 Dried kaffir lime leaves 3장
팜 설탕 Palm sugar 1큰술
피시소스 Fish sauce 2작은술
물 Water 2컵

커리페이스트

태국고추 Thai chili 10개
마늘 Garlic 6톨
샬롯 Shallot 2개
갈랑갈 Galangal 30g
레몬그라스 Lemongrass 2줄기
캐퍼라임 잎 Kaffir lime leaves 4장
꽃소금 Refined salt 1작은술
구운 캐슈넛 Roasted cashew nut ⅓컵

Hot and sour soup of prawn

새우를 넣은 똠얌 수프

—— *Tom yum goong*
똠얌꿍

태국의 대표 음식인 똠얌꿍은 세계 3대 수프 중 하나로 꼽힐 만큼 세계인이 좋아하는 요리이다. 향신료와 새우 등의 해산물을 넣고 끓이며 매콤하고 새콤한 맛을 내는 게 특징이다.

재료 및 분량(2인분)

타이거 새우(중하) Tiger prawn 8마리
갈랑갈 Galangal 25g
레몬그라스 Lemongrass 2줄기
고수 Coriander 3줄기
태국고추 Thai chili 5개
표고버섯 Shiitake mushroom 6개
로스티드 커리페이스트 2큰술
Roasted curry paste
태국칠리페이스트 Thai chili paste 2큰술
(남프릭파오)
피시소스 Fish sauce ¼컵
라임즙 Lime juice ¼컵
설탕 Sugar 1큰술

육수

샬롯 Shallot 3개
레몬그라스 Lemongrass 2줄기
캐퍼라임 잎 Kaffir lime leaves 5장
껍질 새우 Shrimp shell 8마리
갈랑갈 Galangal 25g
물 Water 1컵

만드는 방법

1. 샬롯, 레몬그라스, 캐퍼라임 잎, 껍질 새우, 갈랑갈, 물을 넣어 약 15분 정도 육수를 끓인다
2. 냄비에 육수를 붓고 타이거 새우, 슬라이스 한 표고버섯, 갈랑갈, 레몬그라스 넣은 뒤 로스티드 커리페이스트를 뭉친 게 없도록 풀어서 넣는다.
3. 태국고추, 피시소스, 설탕, 라임즙, 태국칠리페이스트 (남프릭파오)를 넣어 간을 맞춘다.
4. 모든 재료가 알맞게 익도록 10분간 끓인 다음 그릇에 담아 고수로 장식한다.

Deep fried spicy fish ball

매콤한 어묵 튀김

Tod mun pla
텃만쁠라

텃만쁠라는 태국 길거리 포장마차 음식 중 가장 인기 있는 메뉴 가운데 하나로
순한 생선 맛에 스위트칠리소스나 오이식초살사소스를 같이 곁들여 먹는 음식이다.

재료 및 분량(2인분)

다진 생선살 Minced fish 160g
레드커리페이스트 Red curry paste 1큰술
롱빈 Yardlong bean 10줄
달걀 Egg 1개
설탕 Sugar 약간
소금 Salt 약간
후추 Black pepper 약간
식용유 Vegetable oil ½컵

오이식초살사소스

오이 Cucumber ½개
샬롯 Shallot 2개
태국고추 Thai chili 3개
고수 Coriander 1줄기
바질 Basil 적당량
식초 Vinegar 2큰술
물 Water 1큰술
설탕 Sugar 1큰술
소금 Salt 약간

만드는 방법

1 오이는 얇게 슬라이스 하고, 샬롯과 태국고추는 곱게 다지고, 바질과 고수는 잘게 잘라 식초, 물, 설탕, 소금을 넣고 살사소스를 만든다.
2 볼에 다진 생선살, 레드커리페이스트, 다진 롱빈, 달걀, 설탕, 소금, 후추를 넣어 섞는다.
3 골고루 섞은 재료를 둥글납작하게 빚는다.
4 팬에 식용유를 두르고 빚은 반죽을 노릇해질 때까지 중약불로 굽는다.
5 그릇에 담아 오이식초살사소스와 함께 낸다.

Deep fried crab cake with sam rot spicy sauce

매콤달콤한 칠리소스를 곁들인 게살 튀김

Mopo hima sam rot
모포히마쌈

게살에 코코넛 가루를 묻혀서 튀긴 뒤 로즈소스를 곁들여 먹는 음식으로 어른 아이 할 것 없이 모두 좋아한다.

만드는 방법

1. 마늘, 홍파프리카, 황파프리카와 고수를 다져 놓는다.
2. 중불에 팬을 얹어 식용유를 두르고 다진 마늘과 고수를 넣어 볶는다.
3. 캐퍼라임 잎, 다진 파프리카, 설탕, 식초, 피시소스를 ②에 넣고 살짝 졸여 로즈소스를 완성한다.
4. 준비한 게살에 달걀 1개를 풀어 넣고 골고루 반죽한 뒤 동글납작하게 모양을 잡는다.
5. 남은 달걀 1개를 푼 다음 밀가루, 달걀물, 코코넛가루 순으로 옷을 입힌다.
6. 식용유 170℃에서 노릇해 질 때까지 튀긴다.
7. 키친타올로 튀긴 게살의 기름기를 제거한 뒤 접시에 담아 로즈소스와 함께 낸다.

재료 및 분량(2인분)

게살 Crab meat 500g
코코넛가루 Coconut flour 200g
달걀 Egg 2개
밀가루 Flour ⅓컵
식용유 Vegetable oil 1컵

로즈소스

통마늘 Garlic 4톨
홍파프리카 Red paprika ½개
황파프리카 Yellow paprika ½개
고수 Coriander 1줄기
식용유 Vegetable Oil ¼컵
캐퍼라임 잎 Kaffir lime leaves 2장
설탕 Sugar 1큰술
식초 Vinegar 1큰술
피시소스 Fish sauce 1작은술

Whole deep fried sea bass

통 농어 튀김

—— *Pla kra pong tod*
쁠락까퐁텃

농어를 통째로 튀긴 요리로 태국 식당의 인기 메뉴이다. 농어뿐 아니라 우럭이나
도미를 이용해도 좋다. 샘로즈소스를 곁들여 먹으면 더 깊은 맛을 즐길 수 있다.

만드는 방법

1. 마늘, 태국고추, 파프리카, 고수를 다진 다음 캐퍼라임 잎과 설탕, 피시소스, 쌀식초, 식용유를 넣고 설탕이 녹을 때까지 섞어 소스를 만든다.
2. 우럭은 비늘을 벗기고 내장과 아가미를 제거한 뒤 칼집을 어슷하게 골고루 넣는다.
3. 손질한 우럭에 감자전분을 골고루 얇게 묻힌다.
4. 팬에 식용유를 넣고 170℃에서 약 4~5분 정도 익을 때까지 튀긴 다음 키친타월로 기름기를 제거한다.
5. 그릇에 담은 뒤 소스와 함께 담아낸다.

재료 및 분량(4인분)

우럭 Rockfish 1마리
감자전분 Potato starch 60g
식용유 Vegetable oil 2컵

샘로즈소스

마늘 Garlic 6톨
태국고추 Thai chili 3개
황파프리카 Yellow paprika ½개
고수 Coriander 3줄기
캐퍼라임 잎 Kaffir lime leaves 2장
설탕 Sugar 1½큰술
피시소스 Fish sauce 2큰술
쌀식초 Rice vinegar 1½큰술
식용유 Vegetable oil 4큰술

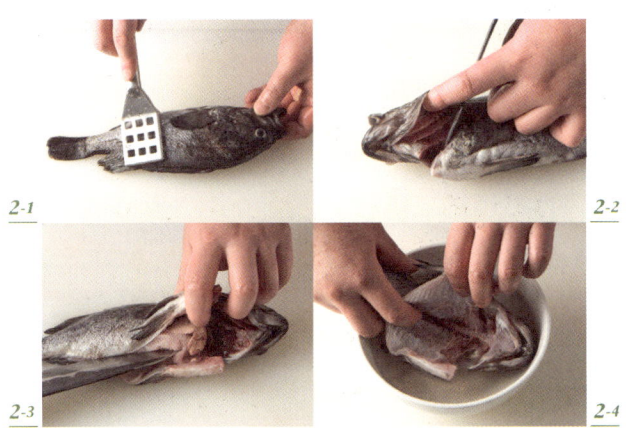

Thai stir-fried squid

태국식 오징어 볶음

—— *Pla muek pad kratiam*
쁠라묵팟끄라티얌

허브 향 가득한 태국식 오징어 볶음이다. 빠른 시간 내에 볶아 오징어의 식감을 살려주는 것이 포인트이다.

만드는 방법

1 오징어는 깨끗이 씻어 내장을 제거한 뒤 먹기 좋은 크기로 썬다.
2 고수 뿌리, 통후추, 마늘은 절구에 빻는다.
3 냄비에 물을 넣고 끓으면 오징어를 넣고 살짝 데친다.
4 데친 오징어에 ②와 굴소스, 피시소스를 넣고 버무린다.
5 팬에 식용유를 두르고 ④를 넣은 다음 중불로
  오징어가 익을 때까지 볶는다.
6 접시에 오징어를 담고, 라임과 고수를 곁들여 낸다.

재료 및 분량(2인분)

오징어(큰 것) Squid 1마리
마늘 Garlic 3톨
고수 뿌리 Coriander root 4줄기
고수 Coriander 2줄기
피시소스 Fish sauce 5큰술
굴소스 Oyster sauce 2큰술
통후추 Whole black pepper 1큰술
라임 Lime 1개
식용유 Vegetable oil 10㎖

Stir-fried prawn with Thai chilli paste

태국식 고추장으로 맛을 낸 새우 볶음

Goong pad prik pao
꿍팟프릭파오

꿍팟프릭파오는 새우를 남프릭파오로 볶은 매콤한 해산물 요리인데 남프릭파오는 태국의 칠리페이스트로 우리나라의 볶음용 고추장과 같은 소스를 말한다.

만드는 방법

1. 타이거새우는 껍질과 내장을 제거한 뒤 반 갈라 포를 뜬다.
2. 마늘은 다지고 양파와 표고버섯, 홍파프리카, 황파프리카는 채 썬다. 아스파라거스는 4~5㎝ 길이로 어슷하게 썰어준다.
3. 팬에 식용유를 두르고 다진 마늘과 채 썬 양파를 넣고 볶다가 새우를 넣고 살짝 익을 때까지 볶는다.
4. ③에 채 썬 홍파프리카, 황파프리카, 표고버섯, 자른 아스파라거스를 넣고 볶는다.
5. 물, 태국칠리페이스트(남프릭파오), 진간장, 굴소스, 설탕을 ④에 넣고 간을 맞춘다.
6. 그릇에 담고 바질을 보기 좋게 올린다.

재료 및 분량(2인분)

타이거 새우(중하) Tiger prawn 8마리
다진 마늘 Minced garlic 1큰술
양파 Onion ½개
표고버섯 Mushroom 3개
홍파프리카 Red paprika ½개
황파프리카 Yellow paprika ½개
아스파라거스 Asparagus 3개
식용유 Vegetable oil 3큰술
물 Water ½컵
태국칠리페이스트 Thai chili paste 3큰술
(남프릭파오)
진간장 Soy sauce 1큰술
굴소스 Oyster sauce 2큰술
설탕 Sugar 2큰술
바질 Basil 5장

1-1 1-2 1-3

Stir-fried blue crab curry

꽃게 커리 볶음

Phoo pad phong kari
뿌팟퐁커리

태국의 대표적인 요리 가운데 하나로 손질하여 튀긴 꽃게에
달걀과 소스를 넣어 순식간에 볶는 요리이다.
꽃게의 풍미와 달걀의 부드러움, 소스의 풍미가 조화를 이룬다.

만드는 방법

1 꽃게는 깨끗이 씻어 게딱지와 아가미를 제거하고 4등분한다.
2 마늘과 양파는 굵게 다지고 홍파프리카는 채 썬다.
3 고수는 잎만 떼어 준비하고 쪽파는 송송 썬다.
4 손질한 꽃게는 160℃ 식용유에 붉어질 때까지 바싹 튀긴 뒤
  건져서 키친타월로 기름기를 제거한다.
5 팬에 참기름을 두르고 다진 마늘과 다진 양파를 넣어 볶은 뒤
  튀긴 꽃게와 채 썬 홍파프리카를 넣고 한 번 굴린다.
6 치킨파우더, 커리파우더, 설탕을 추가로 넣고 볶는다.
7 흰 후춧가루, 피시소스, 굴소스를 넣어 간을 맞춘다.
8 달걀을 풀어서 넣고 살짝만 익도록 살살 볶는다.
9 완성 접시에 담은 후 고수, 쪽파를 토핑으로 올린다.

재료 및 분량(2인분)

꽃게 Blue crab 1마리
식용유 Vegetable oil 1컵
참기름 Sesame oil 1큰술
마늘 Garlic 4톨
양파 Onion 1개
홍파프리카 Red paprika ½개
커리파우더 Curry powder 2큰술
치킨파우더 Chicken powder 2큰술
설탕 Sugar 2큰술
흰 후춧가루 White pepper powder 약간
피시소스 Fish sauce 3큰술
굴소스 Oyster sauce 2큰술
달걀 Egg 1개
고수 Coriander 약간
쪽파 Spring onion 약간

쉽고 맛있는 동남아 요리

소고기 꼬치구이 *Grilled beef skewers*

닭고기 꼬치구이 *Grilled chicken skewers*

레몬그라스 치킨구이 *Roasted lemongrass chicken*

매운 닭날개구이 *Roasted spicy chicken wings*

돼지고기 바질 볶음 *Stir-fried pork with basil*

돼지고기 목살구이 *Roasted pork neck*

소고기 브로콜리 볶음 *Stir-fried beef with broccoli*

삼겹살 튀김 *Deep fried pork belly*

코코넛 치킨 스튜 *Coconut chicken soup*

소고기 수프 *Beef soup*

타이 핫 팟 *Thai hot pot*

recipes
07

MEAT
육류요리

Grilled beef skewers

소고기 꼬치구이

Sa te neua
사떼느아

사떼느아는 태국의 전통적인 꼬치 요리로 사떼는 꼬치, 느아는 소고기라는 뜻이다. 피넛버터소스에 찍어 먹으면 이국적인 맛을 느낄 수 있다.

재료 및 분량(4인분)

얇게 썬 소고기 등심 600g
Beef sirloin sliced thinly

소고기 양념

레몬그라스 Lemongrass 1대
샬롯 Shallot 2개
양파 Small onion 1개
마늘 Garlic 4톨
홍고추 Red chili 2개
생강 Ginger 1톨
강황 Turmeric 1작은술
고수가루 Coriander powder 2큰술
큐민 Cumin 2작은술
다크 간장 Dark soy sauce 4큰술
피시소스 Fish sauce 3큰술
황설탕 Brown sugar 5큰술
코코넛오일 또는 식용유 2큰술
Coconut oil or vegetable oil
카다몬 Cardamom 약간

피넛버터소스

피넛버터 Peanut butter 3술
간장 Soy sauce ½큰술
레몬즙 Lemon juice 1큰술
피시소스 Fish sauce 1큰술
칠리페이스트 Chili paste 1큰술

만드는 방법

1 소고기 양념 재료를 모두 믹서에 넣고 갈아 양념 소스를 만든다.
2 얇게 썬 소고기를 나무 꼬치에 손잡이 부분을 남기고 촘촘히 꽂는다.
3 그릇에 꼬치와 소스를 함께 담은 다음 뚜껑을 덮고
  약 1시간 정도 냉장고에서 숙성한다.
3 재어 둔 소고기를 그릴이나 팬에 굽는다.
4 피넛버터소스를 만들어 곁들여 낸다.

Grilled chicken skewers

닭고기 꼬치구이

Sa te gai
사떼까이

사떼까이는 태국의 닭꼬치 요리로 강황과 레몬그라스가 들어가 우리나라의 닭꼬치와는 다른 맛이지만 누구나 편하게 즐길 수 있는 꼬치 요리이다.

재료 및 분량(4인분)

닭다리살 Chicken thigh 600g
고수 Coriander 약간
오크라 Okra 2개

닭고기 양념

다진 고수 Chopped coriander 1큰술
다진 마늘 Minced garlic 1큰술
다진 레몬그라스 1큰술
Chopped lemongrass
강황 Turmeric 1큰술
피시소스 Fish sauce 3큰술
굴소스 Oyster sauce 2큰술
황설탕 Brown sugar 2큰술
간장 Soy sauce 4큰술
흰 후춧가루 White pepper powder 약간

만드는 방법

1. 닭은 손질해 한입 크기로 썬다.
2. 큰 볼에 닭고기 양념 재료를 넣어 페이스트를 만든다.
3. 닭고기를 양념에 재어 1시간 정도 냉장고에서 숙성한다.
4. 숙성된 닭을 꼬치에 꽂아 그릴에 노릇하게 굽는다.
5. 다진 고수를 뿌리고 오크라는 곁들여 낸다.

Roasted lemongrass chicken

레몬그라스 치킨구이

Gai yang
까이양

태국 북부의 서민적인 음식으로, 손질한 닭을 구워낸 요리이다.
여러 가지 향신료를 사용하지만 한국의 바비큐 치킨과 유사하다.

만드는 방법

1. 닭다리살은 뼈를 제거하고 껍질을 살려 준비한다.
2. 닭을 제외한 모든 재료를 믹서에 곱게 갈아 양념 소스를 만든다.
3. 손질한 닭다리살에 소스를 골고루 바르고 약 2시간 정도 냉장고에서 숙성한다.
4. 숙성된 닭고기를 그릴에 구운 후 먹기 좋게 잘라 낸다.

재료 및 분량(4인분)

닭다리살 Chicken thigh 4개
레몬그라스 Lemongrass 2대
양파 Chopped onion ½개
마늘 Minced garlic 3톨
라임즙 Lime juice 3큰술
홍고추 Red chili 1개
피시소스 Fish sauce 3큰술
진간장 Soy sauce 1큰술
황설탕 Brown sugar 2큰술

Roasted spicy chicken wings

매운 닭날개구이

Pik gai yang
삑까이양

오븐을 사용하는 닭날개구이로 스리라차 소스와 꿀과 라임을 사용해 매콤하면서도 달콤새콤한 맛의 조화가 잘 어우러진다.

만드는 방법

1. 180℃로 예열된 오븐에 후춧가루를 뿌린 닭날개를 넣고 약 15분 정도 굽는다.
2. 꿀, 간장, 칠리소스, 라임즙, 스리라차소스, 다진 마늘과 물을 넣고 10분 정도 끓여 양념 소스를 만든다.
3. 구운 닭날개에 ②의 소스를 발라 오븐에 노릇해질 때까지 약 10분 정도 굽는다.
4. 다진 실파를 뿌리고 고수를 곁들여 낸다.

재료 및 분량(4인분)

닭날개 Chicken wing 800g
꿀 Honey 2큰술
간장 Soy sauce 2큰술
칠리소스 Chili sauce 3큰술
라임즙 Lime juice 2큰술
스리라차소스 Sriracha sauce 1큰술
다진 마늘 Minced garlic ½큰술
후춧가루 Black pepper 약간
물 Water 3큰술
다진 실파 1큰술
Chopped small green onion
고수 Coriander 약간

Stir-fried pork with basil

돼지고기 바질 볶음

Pad kra pao moo
팟카파오무

돼지고기와 바질을 볶은 음식으로 태국에서는 카파오라 부르는 바질이 매우 흔하기 때문에 바질과 육류를 함께 사용하는 요리가 많다.

재료 및 분량(4인분)

돼지고기 등심 Pork sirloin 480g
타이바질 Thai basil 약간
브로콜리 Broccoli ¼개
다진 마늘 Minced garlic ½큰술
태국고추 Thai chili 1개
말린 태국고추 Dried Thai chili 5개
대파 Leek ½개
식용유 Vegetable oil 1큰술

볶음 소스

굴소스 Oyster sauce 2큰술
피시소스 Fish sauce 1큰술
다크 간장 Dark soy sauce 1작은술
황설탕 Brown sugar 1큰술
라임즙 Lime juice 2큰술
골든마운틴소스 2큰술
Golden Mountain sauce

만드는 방법

1 볶음 소스 재료를 섞어 소스를 만든다.
2 돼지고기는 얄팍하게 썰어 준비하고 바질은 잎만 떼어 놓는다.
3 브로콜리는 한입 크기로 썰고 대파는 송송 썬다.
4 고추는 적당한 길이로 채 썰고 말린 태국고추는 잘게 다진다.
5 달구어진 팬에 식용유를 두르고 다진 마늘, 다진 말린 태국고추와 돼지고기를 넣어 고기가 익을 때까지 볶는다.
6 브로콜리, 대파, 태국고추를 ⑤에 넣고 볶는다.
8 볶음 소스를 넣고 한 번 더 볶는다.
9 타이바질을 뿌려 낸다.

5　　　6　　　7

Roasted pork neck

돼지고기 목살구이

—— *Kormo yang*
커무양

태국 요리 가운데에는 한국인의 입맛에 맞는 요리가 많은데
무양이라 불리는 돼지고기 목살구이도 그 중 하나이다.
쏨땀과 카오니여우(찹쌀밥)를 곁들이면 한 끼 식사로 손색이 없다.

만드는 방법

1. 볼에 다진 고수, 간장, 굴소스, 다진 마늘, 설탕과 후춧가루를 넣고 섞는다.
2. 돼지고기 목살을 길게 잘라 ①에 재어 약 1시간 정도 냉장고에서 숙성한다.
3. 홍고추, 청고추는 반으로 잘라 씨를 제거하고 길고 가늘게 채 썬다. 양파도 길이대로 가늘게 채 썬다.
4. 숙성된 돼지고기 목살을 팬이나 그릴에 굽는다.
5. 소스 재료를 분량대로 섞어서 남짐재소스를 만든다.
6. 완성 그릇에 구운 돼지고기를 담고 채 썬 고추와 양파로 토핑한 후 남짐재 소스와 함께 낸다.

tip ————
남짐재소스는 흑설탕을 물에 중탕하고 준비된 모든 재료를 골고루 섞어 준비한다.

재료 및 분량(4인분)

돼지고기 목살 Pork blade shoulder 600g
다진 고수 Chopped coriander ½큰술
간장 Soy sauce 4큰술
굴소스 Oyster sauce 2큰술
다진 마늘 Minced garlic 1큰술
설탕 Sugar 2큰술
후춧가루 Black pepper 약간
홍고추 Red chili 1개
청고추 Green chili 1개
양파 Onion ¼개

남짐재소스

피시소스 Fish sauce 4큰술
라임즙 Lime juice 4큰술
흑설탕 Black sugar 2큰술
태국고춧가루 Dried Thai chili flakes 1큰술
다진 샬롯 Chopped shallot ½큰술
다진 마늘 Minced garlic ½큰술
다진 고수 Chopped coriander 1큰술
물 Water 2큰술

Stir-fried beef with broccoli

소고기 브로콜리 볶음

Pad neua broccoli
팟느아브로콜리

태국어로 팟은 볶음을 의미하고 느아는 소고기를 말하므로
팟느아브로콜리는 브로콜리를 넣은 소고기 볶음이다.
굴소스를 사용하기 때문에 누구나 편하게 즐길 수 있다.

재료 및 분량(4인분)

소고기 등심 Beef sirloin 480g
브로콜리 Broccoli ½개
양파 Onion ½개
홍파프리카 Red paprika ½개
고수 Coriander 20g
마늘 Garlic 4톨
전분 Starch 2큰술
참기름 Sesame oil 1작은술
식용유 Vegetable oil 2큰술

소고기 양념

진간장 Soy sauce 2큰술
황설탕 Brown sugar ½큰술
미림 Mirim 1큰술
다진 마늘 Minced garlic ½작은술
후춧가루 Black pepper 약간

볶음 소스

닭고기 육수 Chicken broth 2큰술
굴소스 Oyster sauce 2큰술
피시소스 Fish sauce 1큰술
진간장 Soy sauce 2큰술
황설탕 Brown sugar 1큰술
라임즙 Lime juice 2큰술
말린 태국고추 Dried Thai chili 3개
다진 생강 Minced ginger ½작은술

만드는 방법

1. 재료를 분량대로 섞어 소고기 양념을 만든다.
2. 말린 태국고추를 다진 후 다른 소스 재료와 섞어 볶음 소스를 만든다.
3. 양파와 홍파프리카는 채 썰고 마늘은 편으로 썰고 브로콜리는 손질해 한입 크기로 자른다.
4. 얇게 저민 소고기 등심을 미리 준비해 둔 소고기 양념에 골고루 섞어 약 10분 정도 잰다.
5. 달구어진 팬에 식용유를 두르고 썰어 둔 양파와 마늘, 소고기를 넣고 볶는다.
6. 손질해 한 입 크기로 자른 브로콜리와 미리 준비한 볶음 소스를 ⑤에 넣고 볶는다.
7. 채 썬 파프리카와 참기름을 넣고 전분을 약간 풀어 농도를 맞춘다.
8. 고수 잎을 곁들여 낸다.

Deep fried pork belly

삼겹살 튀김

Moo sam chan tod
무쌈찬텃

탕수육과 비슷한 식감을 가지고 있는 태국식 삼겹살 튀김이다.
겉은 바삭하고 속은 촉촉한 것이 특징이고 흔히 소스를 곁들여 먹는다.

재료 및 분량(4인분)

삼겹살 Pork belly 600g
피시소스 Fish sauce 3큰술
달걀 Egg 2개
치킨파우더 Chicken powder 1작은술
튀김가루 Frying mix 2컵
후춧가루 Black pepper 약간

남짐재소스

피시소스 Fish sauce 4큰술
라임즙 Lime juice 4큰술
흑설탕 Black sugar 2큰술
태국고춧가루 Dried Thai chili flakes 1큰술
다진 샬롯 Chopped shallot ½큰술
다진 마늘 Minced garlic ½큰술
다진 고수 Chopped coriander 1큰술
물 Water 2큰술

만드는 방법

1. 통삼겹살을 사방 2㎝ 두께로 잘라 준비한다.
2. 볼에 피시소스, 달걀, 치킨파우더, 튀김가루, 후춧가루와 자른 삼겹살을 넣고 버무린다.
3. 170℃ 기름에 넣고 바삭하게 튀겨낸다.
4. 흑설탕을 물에 중탕한 다음 모든 소스 재료를 섞어 소스를 만든다.
5. 삼겹살 튀김을 그릇에 담아 남짐재소스를 곁들여 낸다.

Coconut chicken soup

코코넛 치킨 스튜

—— *Tom kha gai*
톰카까이

닭고기 국물 요리로 코코넛밀크를 넣어 만든 국물이 특징이다.
흔히 태국식 코코넛 수프라 불린다.

재료 및 분량(4인분)

닭가슴살 Chicken breast 480g
양송이버섯 White mushroom 8개
레몬그라스 Lemongrass 1대
생강 슬라이스 Ginger slices 30g
바질 잎 Basil leaves 4잎
코코넛밀크 Coconut milk 240㎖
피시소스 Fish sauce 4큰술
라임 Lime 1개
태국고추 Thai chili 1개
설탕 Sugar 2큰술
고수 Coriander 약간

육수

닭뼈 Chicken bone 500g
물 Water 1500㎖
양파 Onion ¼개
대파 Leek 1대
다진 마늘 Minced garlic 2큰술
후춧가루 Black pepper 약간

만드는 방법

1. 핏물을 제거한 닭뼈와 양파, 대파, 다진 마늘, 후춧가루를 물에 넣어 약 30분 정도 끓인 뒤 고운 체에 걸러 닭고기 육수를 준비한다.
2. 닭고기 육수에 한입 사이즈로 자른 닭가슴살, 양송이버섯, 레몬그라스, 생강 슬라이스, 바질 잎을 넣고 약 15분 정도 끓인다.
3. 코코넛밀크, 피시소스, 라임즙 2큰술과 자른 태국고추를 ②에 넣어 한 번 더 끓이고 설탕으로 간을 맞춘다.
4. 고수 잎과 자른 라임을 올려 낸다.

Beef soup

소고기 수프

— *Neua tun*
느아뚠

태국뿐만 아니라 동남아 어디에서도 즐길 수 있는 음식으로
오랜 시간 끓인 진한 육수가 매력이다. 소고기 수프에 면을 넣어 먹기도 한다.

만드는 방법

1. 달구어진 팬에 식용유를 두르고 먹기 좋은 크기로 자른 아롱사태를 골고루 익혀 갈색이 날 때까지 굽는다.
2. 육수용 주머니에 육수 재료를 모두 넣는다.
3. 냄비에 소고기와 말린 표고버섯, 물, 육수 주머니, 굴소스, 국간장, 다크 간장, 골든마운틴소스, 황설탕을 넣고 기름을 제거하면서 약 2시간 정도 끓인다.
4. ③에 무를 넣고 부드럽게 익을 때까지 중불에서 약 1시간 동안 끓인다.
5. 육수 주머니를 건져내고 표고버섯을 꺼내 놓는다.
6. 육수에 소금과 황설탕으로 간을 맞춘다.
7. 표고버섯과 고수, 홍고추를 곁들여 낸다.

재료 및 분량(4인분)

소고기 아롱사태 Beef shank 400g
말린 표고버섯 Dried shiitake mushroom 4개
굴소스 Oyster sauce 2큰술
국간장 Soy sauce for soup 2큰술
다크 간장 Dark soy sauce 1큰술
골든마운틴소스 2큰술
Golden Mountain sauce
무 Radish 200g
소금 Salt 1큰술
황설탕 Brown sugar 2큰술
후춧가루 Black pepper powder 약간
고수 Coriander 약간
홍고추 Red chili 2개
식용유 Vegetable oil 1큰술

육수

물 Water 3ℓ
팔각 Star anise 5개
계피 스틱 Cinnamon sticks 1개
구운 고수씨앗 1작은술
Roasted coriander seeds
월계수 잎 Bay leaves 2장
생강 Ginger 1톨
통후추 Whole black pepper 약간
레몬그라스 Lemongrass 1대
양파 Onion 2개
마늘 Garlic 8톨

Thai hot pot

타이 핫 팟

Jim jum
찜쭘

오래 전부터 전해져 내려온 태국 북동부 이산 지방의 음식으로
고기, 해물, 야채 등을 육수에 넣었다 익으면 꺼내 양념장에 찍어먹는다.

재료 및 분량(4인분)

얇게 썬 소고기 등심
Sliced thin beef sirloin 400g
얇게 썬 돼지고기 항정살
Sliced thin pork jowls 400g
얇게 썬 닭다리살
Sliced thin chicken thigh 400g
얇게 썬 차돌박이
Sliced thin beef brisket 200g
배춧잎 Cabbage 20장
청경채 Bok choy 5개
표고버섯 Shiitake mushroom 6송이
새송이버섯 2송이
King oyster mushroom
느타리버섯 10~15송이
Oyster mushroom

시금치 Spinach ½단
타이바질 Thai basil 약간
고수 Coriander 5줄기
쌀국수 얇은 면 200g
Thin rice noodles
굴소스 Oyster sauce 1큰술
간장 Soy sauce 1큰술
전분 Starch powder 1큰술
달걀 Egg 4개

육수

돼지고기(뼈육수) Pork stock 8컵
레몬그라스 Lemongrass 2대
라임 잎 Lime leaves 5개
생강 슬라이스 Ginger slices 5개
피시소스 Fish sauce 1큰술
구운 쌀가루 Roasted rice flour 1큰술

디핑 소스

피시소스 Fish sauce 1큰술
라임즙 Lime juice 1½작은술
타마린드즙 Tamarind juice 1작은술
구운 고춧가루 1작은술
Roasted chili powder
설탕 Sugar ½작은 술
다진 실파 1큰술
Chopped small green onion
다진 고수 Chopped coriander ½큰술
구운 쌀가루 Roasted rice flour 1큰술

만드는 방법

1. 손질한 소고기 등심, 돼지고기 항정살, 닭다리살 각각에 굴소스, 간장, 전분, 달걀흰자를 넣어 10분간 숙성한다. 단, 차돌박이는 그대로 준비한다.
2. 모든 채소는 먹기 좋게 손질 후 접시에 담아 준비하고 쌀국수는 약 10 분정도 상온의 물에 담가둔다.
3. 돼지고기 뼈 육수에 레몬그라스, 라임 잎, 생강을 넣어 약 5분 정도 끓인 후 피시소스와 구운 쌀가루를 넣는다.
4. 큰 볼에 모든 소스 재료를 섞어 디핑 소스를 준비한다.
5. 끓고 있는 육수와 함께 고기류, 채소류, 쌀국수를 따로 담아 소스와 함께 낸다.

쉽고 맛있는 동남아 요리

———

코코넛 아이스크림 *Coconut ice cream*

아보카도 커피 *Avocado coffee*

연유 커피 *Hot coffee with condensed milk*

코코넛 커피 *Coconut coffee*

코코넛 푸딩 *Coconut pudding*

망고 밥 *Mango sticky rice*

흑당 밀크티 *Black sugar bubble tea*

팥 연유 음료 *Red bean and condensed milk drink*

패션프루트 주스 *Passion fruit juice*

태국식 바나나 팬케이크 *Thai banana pancakes*

구운 바나나와 코코넛크림 *Pan fried banana and coconut cream*

바나나 튀김 *Fried banana*

recipes

08

DESSERT

디저트

Coconut ice cream

코코넛 아이스크림

Kem trai dua
깸짜이즈어

시판되는 코코넛밀크를 이용해 만든 아이스크림이다.
코코넛밀크와 생크림이 들어가 유지방이 풍부할 뿐 아니라
고소한 코코넛 슬라이스의 씹히는 맛도 함께 즐길 수 있다.

만드는 방법

1 코코넛밀크, 생크림, 연유를 냄비에 넣고 약한 불에서
  1~2분 살짝 끓인 다음 코코넛 슬라이스를 넣고 식힌다.
2 아이스크림 기계에 넣고 약 30분 정도 돌린다.
  아이스크림 기계가 없을 경우엔 통에 담아 냉동실에 넣었다가
  15분마다 꺼내 한 번씩 저어 주기를 4번 정도 반복한 다음
  완전히 냉동시킨다.
3 완전히 굳으면 아이스크림 스쿠프로 퍼서 그릇에 담고
  기호에 따라 코코넛 젤리를 곁들여 먹는다.

재료 및 분량(4인분)

코코넛밀크 Coconut milk 400㎖
생크림 Whipped cream 400㎖
연유 Condensed milk 300㎖
코코넛 슬라이스 Coconut slices 2큰술
코코넛 젤리 Coconut jelly 100g

Avocado coffee

아보카도 커피

Ca phe sinh to bo
카페신또보

버터처럼 부드러운 과육에 헤이즐넛의 고소한 향을 가지고 있는 아보카도는
요리에 많이 쓰일 뿐 아니라 커피에 첨가해 먹기도 한다.
특히 베트남 아보카도 커피는 유명하다.

만드는 방법

1. 아보카도는 껍질과 씨를 제거한다.
   (냉동 아보카도를 준비해도 좋다)
2. 원두를 진하게 내리거나 베트남 인스턴트 커피 8g을
   뜨거운 물 300㎖에 녹여 진한 커피 원액을 준비한다.
3. 믹서에 아보카도, 우유, 연유, 얼음을 넣고 간다.
4. ③을 컵에 나누어 담고 커피 원액을 부어 완성한다.

재료 및 분량(4인분)

익은 아보카도 Avocado 4개
진한 베트남 드립 커피 300㎖
Dark vietnamese drip coffee
또는 or
베트남 인스턴트 커피 8g
Vietnamese instant coffee
+ 뜨거운 물 Hot water 300㎖
우유 Milk 400㎖
연유 Condensed milk 270㎖
얼음 Ice 400㎖

Hot coffee with condensed milk

연유 커피

Ca phe sua nong
카페스어농

베트남은 날씨가 덥고 습하기 때문에 피로도가 높아 커피를 진하게 마시는 경향이 있다.
그래서 진한 커피에 달콤한 연유를 넣은 연유커피의 인기가 높다.
연유 커피는 따뜻하게 먹기도 하고 얼음을 곁들여 차갑게 먹기도 한다.

만드는 방법

1. 드립 커피를 내리거나 베트남 인스턴트 커피 12g에 뜨거운 물 600㎖를 섞어 진한 커피 원액을 만든다.
2. ①을 컵에 나누어 담고 기호에 따라 연유의 양을 조절해 넣는다.

재료 및 분량(4인분)

베트남 드립 커피 600㎖
Vietnamese drip coffee
또는 or
베트남 인스턴트 커피 12g
Vietnamese instant coffee
+ 뜨거운 물 Hot water 600㎖
연유 Condensed milk 200㎖

Coconut coffee

코코넛 커피

Ca phe cot dua
카페콧뚜아

코코넛 커피는 코코넛 슬러시에 진하게 우려낸 커피를 곁들인 것이다.
코코넛가루와 우유, 얼음, 시럽을 함께 갈아 냉동실에 보관했다가
커피와 함께 차게 해서 먹는다.

만드는 방법

1. 코코넛슈거 75㎖과 따뜻한 물 75㎖를 섞어
   코코넛슈거시럽을 만든 뒤 차갑게 식힌다.
2. 코코넛가루, 우유, ①의 코코넛슈거시럽과 얼음을
   믹서에 넣고, 슬러시 상태가 되도록 간다.
   (믹서의 상태에 따라 냉동실에서 약 1시간 정도 얼린다.)
3. 베트남 드립 커피를 내려 차갑게 식힌 뒤
   각각의 잔에 100㎖씩 담는다.
4. 각각의 잔에 ②의 코코넛 슬러시를 나누어 넣는다.

tip ──
코코넛슈거시럽이 없을 경우는 일반 시럽을 사용한다.

재료 및 분량(4인분)

코코넛가루 Coconut flour 4큰술
우유 Milk 200㎖
얼음 Ice 5컵
코코넛슈거시럽 Coconut sugar syrup 150㎖
베트남 드립 커피 Vietnamese drip coffee 400㎖
또는 or
베트남 인스턴트 커피
Vietnamese instant coffee 12g
+ 뜨거운 물 Hot water 400㎖

코코넛슈거시럽

코코넛슈거 Coconut sugar 75㎖
또는 or
황설탕 Brown sugar 75㎖
뜨거운 물 Hot water 75㎖

Coconut pudding

코코넛 푸딩

Khanom krok
카놈크록

작은 타피오카 펄을 이용해 만든 푸딩으로 마프라우는 태국어로
코코넛이라는 뜻이다. 코코넛밀크, 우유, 타피오카 펄이 함께 들어가
달콤하고 쫀득하다. 상큼한 과일을 곁들여 먹는다.

만드는 방법

1. 타피오카는 물 3컵에 30분 정도 불린 다음 체에 걸러 물기를 제거한다.
2. 냄비에 코코넛밀크, 우유, 설탕, 소금, 바닐라엑스트라를 넣고 중불에서 약 3분 정도 끓인다.
3. 불린 타피오카를 ②에 넣고 약 5분 정도 잘 저으면서 익히다가 반투명해지면 불에서 내린다.
4. 완전히 식으면 그릇에 담아 차가운 냉장고에서 굳힌 다음 망고 과육을 곁들여 낸다.

재료 및 분량(4인분)

작은 타피오카 펄 Small tapioca pearl 1컵
코코넛밀크 Coconut milk 400㎖
설탕 Sugar 3큰술
소금 Salt ¼작은술
우유 Milk 200㎖
바닐라엑스트라 Vanilla extract ½작은술
망고 Mango 1개

Mango sticky rice

망고 밥

Khao niao mamuang
카오니아오마무앙

베트남에서 생산되는 쌀 중 70%는 찰기가 없는 안남미이지만 30%는 찰기가 있는 인디카 찹쌀이다. 망고 밥은 쫀득한 인디카 찹쌀에 코코넛밀크를 넣어 밥을 지은 다음 망고와 함께 먹는 디저트 겸 한 끼 식사이다. 기호에 따라 허브와 견과류를 곁들여 먹는다.

만드는 방법

1. 찹쌀을 30분쯤 불린 후 물 300㎖, 코코넛밀크, 설탕, 소금을 넣고 중·약불에서 약 8분 정도 끓인다(찹쌀밥이라 찜통에 면포를 깔고 10분 정도 쪄도 됨).
2. 망고의 넓적한 부분을 갈라 과육을 발라낸 다음 2×2㎝ 크기로 잘라준다.
3. ①에 물 100㎖를 마저 넣고 카놀라유를 넣어 약 8~10분간 끓인 다음 물이 잦아들면 불을 끄고 뚜껑을 덮어 약 5분 정도 뜸 들인다.
4. 접시에 밥, 망고를 담고 바질과 다진 땅콩을 올려 먹는다.

재료 및 분량(4인분)

망고 Mango 2개
코코넛밀크 Coconut milk 100㎖
찹쌀 Glutinous rice 2컵
소금 Salt 약간
설탕 Sugar 1큰술
물 Water 400㎖
카놀라유 Canola oil ½큰술
민트 또는 바질 Mint or basil 1줄기
다진 땅콩 Chopped peanut 1작은술

Black sugar bubble tea

흑당 밀크티

―― *Black sugar bubble tea*
쩐주나이차(珍珠奶茶)

홍차를 진하게 우려 만든 밀크티에 비정제 설탕인 흑당과
타피오카 펄을 넣은 달콤하면서도 든든한 음료이다.
대만에서는 진주를 넣은 밀크티라는 의미에서 쩐주나이차라고 불린다.

만드는 방법

1. 홍차 잎을 뜨거운 물에 약 30분 정도 충분히 우린다.
2. 홍차 잎을 걸러낸 홍차 원액을 냉장고에 넣어 차게 보관한다.
3. 냄비에 물 4컵을 끓인 다음 검정 타피오카 펄을 넣고 달라붙지 않게 잘 젓는다.
4. 검정 타피오카 펄이 끓어오르면 약 15분 정도 더 끓여 찬물에 헹군다.
5. 잔 4개에 타피오카와 흑당 시럽을 나누어 넣고 각각의 잔에 우린 홍차 80㎖와 우유 120㎖를 더한다.
6. 각각의 잔에 얼음을 넣는다.

재료 및 분량(4인분)

홍차 원액 Black tea extract 320㎖
(홍차 잎 Black tea leaves 24g
+ 뜨거운 물 Hot water 500㎖
또는 or
홍차 티백 Black tea bags 8개
+ 뜨거운 물 Hot water 500㎖)
우유 Milk 480㎖
검정 타피오카 펄 지름 1㎝ Tapioca pearl 1컵
흑당시럽 Black sugar syrup 8~12큰술
얼음 Ice 4컵

Red bean and condensed milk drink

팥 연유 음료

팥과 연유를 코코넛 우유에 곁들여 먹는 것으로 더운 날씨에 몸을
식히기 위해 베트남 사람들이 즐겨 먹는 베트남 전통 음료이다.

Che
쩨

만드는 방법

1. 팥과 녹두는 각각 1시간 정도 물에 불린 다음 물 2컵과
   소금을 넣고 약불에서 30분 정도 각각 무르게 삶는다.
2. ①을 체에 거른 뒤 각각에 설탕 1큰술씩을 넣어 절인다.
3. 냄비에 코코넛크림, 우유, 나머지 설탕 4큰술을 넣고 약불에서
   설탕을 녹인 다음 불에서 내려 차갑게 식힌다.
4. 각각의 잔에 삶은 녹두와 팥을 3큰술씩 담고 얼음 간 것과
   ③의 코코넛밀크를 넣은 다음 연유를 뿌려서 낸다.
   타피오카 펄을 곁들여도 좋다.

tip
팥과 녹두는 익으면 2배로 불어난다.

재료 및 분량(4인분)

팥 Red bean 6큰술
녹두 Mung bean 6큰술
설탕 Sugar 6큰술
물 Water 2컵
소금 Salt 1작은술
코코넛크림 Coconut cream 400㎖
우유 Milk 400㎖
연유 Condensed milk 100㎖
얼음 간 것 Shaved ice 4컵

Passion fruit juice

패션프루트 주스

Nuoc chanh day
느억짠저이

패션프루트는 백향과라고도 불리며 향이 뛰어나고 비타민 C와 항산화성이 우수한 열대 과일이다. 보통 얼린 상태에서 유통되는데 주스 외에도 탄산수를 곁들여 에이드를 만들기도 한다.

만드는 방법

1. 패션프루트는 반으로 갈라 숟가락으로 알맹이만 발라낸다.
2. 물과 설탕을 끓여 시럽을 만들어 식히고 패션프루트 알맹이에 부어 청을 만든다.
3. 패션프루트 청에 차가운 물과 레몬주스를 섞어 패션프루트 주스를 만든 뒤 얼음을 넣어 먹는다.

tip
에이드로 만들고 싶을 땐 물 대신 탄산수를 사용한다.

재료 및 분량(4인분)

패션프루트 청
패션프루트 알맹이 600㎖
Passion fruit kernels
설탕 Sugar 600㎖
물 Water 200㎖

패션프루트 주스
패션프루트 청 200㎖
Preserved passion fruit in a jar
차가운 물 Cold water 500㎖
레몬주스 Lemon juice 70㎖
얼음 Ice 4컵

Thai banana pancakes

태국식 바나나 팬케이크

Banana roti
바나나로티

로티는 북인도에서 만드는 빵의 총칭으로 난같이 얇은 빵이다.
로티 안에 여러 가지 과일을 넣어 먹을 수 있으며
누텔라, 연유, 초코시럽을 기호대로 뿌려 먹을 수도 있다.

만드는 방법

1. 냄비에 물, 소금, 설탕, 실온에 둔 버터와 우유를 넣고 버터가 녹을 때까지 살짝 녹인다.
2. ①을 체 친 통밀가루에 넣고 반죽한다.
3. 반죽이 보통 빵 반죽보다 질면서 한 덩어리로 뭉쳐지면 찰기가 생기도록 약 5분 정도 더 손반죽 한다. 힘들면 빵 반죽 기계를 이용해도 좋다.
4. ③의 반죽을 4등분해 냉장고에서 약 30분 정도 휴지시킨 뒤 한 덩어리씩 지름 30㎝정도가 되도록 밀대로 얇게 민다.
5. 팬에 식용유를 살짝 두르고 키친타월로 닦아낸 뒤 반죽을 올리고 누텔라와 슬라이스 한 바나나 ½개를 올린 다음 잘 접어 앞뒤로 굽는다.
6. 노릇하게 구워지면 잘라서 접시에 담고 연유와 초코시럽을 뿌려 낸다.

재료 및 분량(4인분)

우리밀 통밀가루 Whole wheat flour 175g
물 Water 4큰술
소금 Salt ¼작은술
설탕 Sugar ½큰술
우유 Milk 2큰술
버터 Butter 2큰술
밀가루(덧가루용) Flour 약간
식용유 Vegetable oil 약간
누텔라 Nutella ½컵
바나나 Banana 2개
연유 Condensed milk 적당량
초코시럽 Chocolate syrup 적당량

Pan fried banana and coconut cream

구운 바나나와 코코넛크림

Chuoi nuong cot dua kem
쭈어이느엉콧뚜아깸

동남아에서 재배되는 바나나는 크고 단단한 편인데 달콤하게 구운 바나나에
타피오카 코코넛크림을 뿌린 베트남식 디저트이다.

만드는 방법

1 타피오카에 물 1컵을 붓고 30분간 불린 다음 체에 밭쳐 물기를 제거한다.
2 코코넛밀크, 우유, 소금, 설탕, 바닐라엑스트라를 냄비에 넣고 중약불에서 약 3분 정도 끓이다가 불린 타피오카를 넣고 5분간 저으며 더 끓인 다음 타피오카가 반투명해지면 불에서 내린다.
3 팬에 버터를 살짝 두르고 바나나를 반으로 갈라 황설탕을 뿌려 노릇하게 굽는다.
4 그릇에 담아 ②의 코코넛크림을 올려 낸다

재료 및 분량(4인분)

작은 타피오카 Small tapioca pearl 4큰술
물 Water 1컵
코코넛밀크 Coconut milk 400㎖
우유 Milk 100㎖
소금 Salt ¼작은술
설탕 Sugar 4큰술
바닐라엑스트라 Vanilla extract ½작은술
버터 Butter 1큰술
바나나 Banana 4개
황설탕 Brown sugar 4큰술

Fried banana

바나나 튀김

Chuoi chien
쭈오이찌엔

덜 익은 바나나에 튀김옷을 입혀 튀겨 낸 바나나 튀김은 따뜻할 때 먹으면 더욱 맛있는 디저트이다. 콘플레이크를 사용해 바삭한 식감을 즐길 수 있다.

만드는 방법

1. 바나나를 3㎝로 잘라 튀김가루를 묻히고 달걀물을 입힌다.
2. ①에 잘게 부순 콘플레이크를 묻힌다.
3. 175℃로 예열된 기름에 앞뒤로 30초씩 노릇하게 튀긴다.
3. 초코시럽을 곁들여 먹는다.

재료 및 분량(4인분)

바나나 Banana 4개
튀김가루 Frying mix 4큰술
달걀 Egg 2개
콘플레이크 Cornflakes 2컵
식용유 Vegetable oil 1ℓ
초코시럽 Chocolate syrup 100㎖

Southeast Asian Cuisine

쉽고 맛있는 동남아 요리

저 자 | 김명희 · 김송기 · 김하윤 · 정태철 · 전재호
　　　 김아현 · 윤종식 · 김양숙 · 권오균 · 송지훈
발행인 | 장상원
편집인 | 이명원

초판 1쇄 | 2020년 10월 10일

발행처 | (주)비앤씨월드 출판등록 1994.1.21 제 16-818호
주 소 | 서울특별시 강남구 선릉로 132길 3-6 서원빌딩 3층
전 화 | (02)547-5233　　팩스 | (02)549-5235　　홈페이지 | http://bncworld.co.kr
블로그 | http://blog.naver.com/bncbookcafe　　인스타그램 | @bncworld
디자인 | 박갑경　　사진 | 허인영(STUDIO HER)　　요리 어시스트 | 박선영

ISBN | 979-11-86519-37-0　13590

text©김명희 외, B&C WORLD LTD., 2020 printed in Korea
이 책은 신 저작권법에 의해 한국에서 보호받는 저작물이므로
서사와 (주)비앤씨월드의 동의 없이 무단전재와 무단복제를 할 수 없습니다.

이 도서의 국립중앙도서관 출판예정도서목록(CIP)은 서지정보유통지원시스템
홈페이지(http://seoji.nl.go.kr)와 국가자료공동목록시스템(http://www.nl.go.kr/kolisnet)에서
이용하실 수 있습니다. (CIP제어번호 : CIP2020041213)